新潮新書

福留真紀
FUKUTOME Maki

将軍側近　柳沢吉保

いかにして悪名は作られたか

将軍側近　柳沢吉保　いかにして悪名は作られたか【目次】

柳沢吉保関係略系図

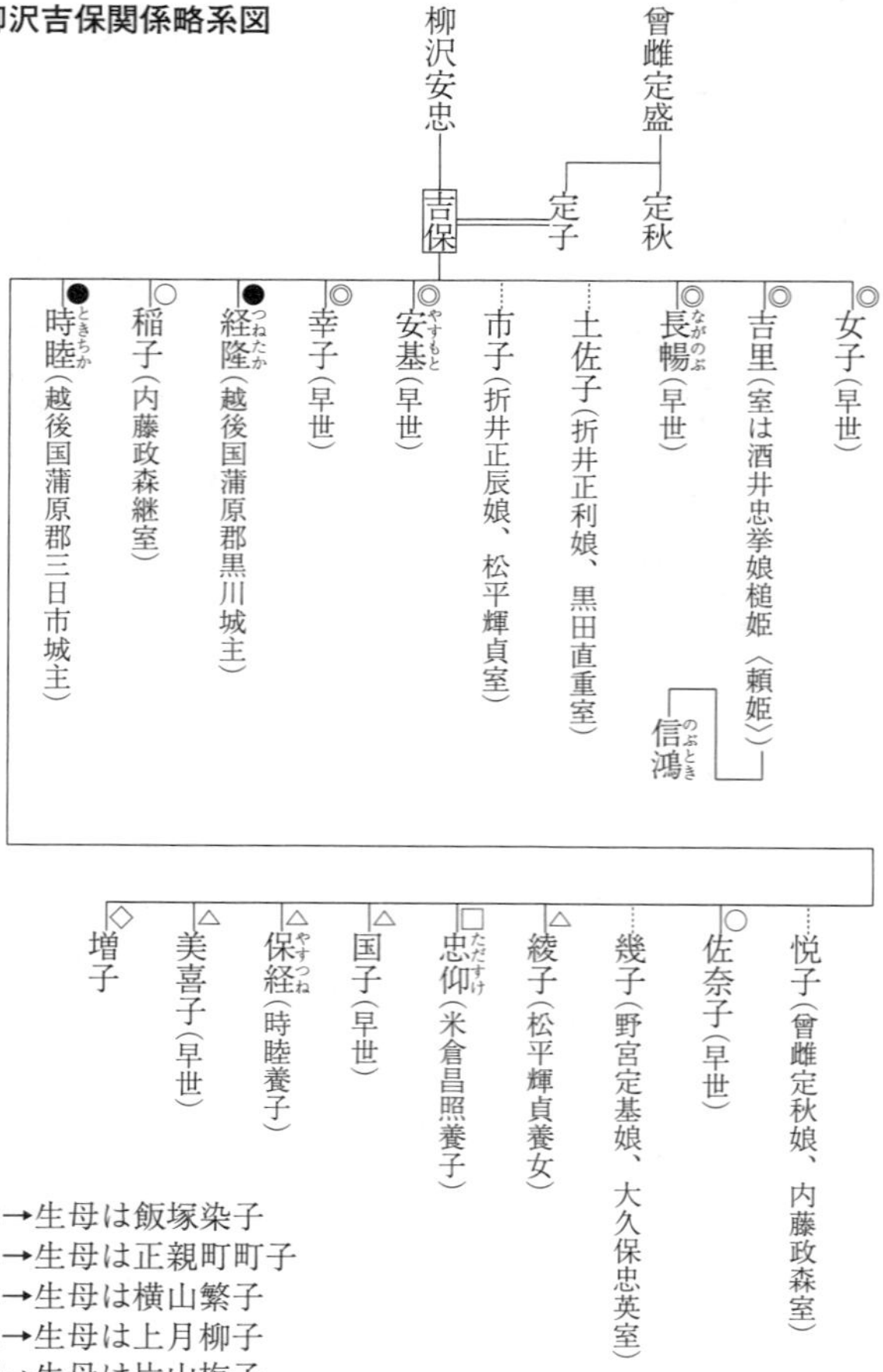

◎→生母は飯塚染子
●→生母は正親町町子
○→生母は横山繁子
△→生母は上月柳子
□→生母は片山梅子
◇→生母は祝園閃《とら》子
…→養子

プロローグ——なぜ「柳沢吉保」なのか？

救いの神あらわる

延宝九年（一六八一、九月に天和に改元）四月十七日のこと。御用絵師狩野常信は、品川で船上の人となっていた。徳川綱吉の将軍就任に功績があったといわれ、そのころ老中として権力を揮っていた堀田正俊（同年十二月十一日には大老に昇進）に誘われたからである。

常信は、先代の四代将軍家綱に度々召されていたから、そのころより堀田とは親しい仲だったのかもしれない。そして今では、新将軍綱吉の下で最も権力があるとされている堀田とともに、網を引かせ、魚捕りをしているのだ。常信は、前途洋洋たる未来を信じて疑わなかっただろう。

貞享元年（一六八四）八月二十八日の朝。そんな常信を奈落の底に突き落とすような事件が発生した。

江戸城内で堀田正俊が若年寄の稲葉正休に暗殺されたのである。

この二人は縁戚関係にあった（堀田の正室の父稲葉正則は、稲葉正休の従兄弟）。稲葉は、堀田の常日頃の振る舞いを、権勢を笠にきた驕りであるとして、しばしば諫めていたという。それを疎ましく思っていた堀田が、稲葉が担当していた摂津・河内国の水路巡見にケチをつけて、彼を陥れようとしたことから、稲葉が事に及んだといわれている。その場に飛んで行った、老中の大久保忠朝・戸田忠昌・阿部正武が、寄ってたかって稲葉を惨殺してしまったため、真相が稲葉の口から語られることはなかった（『常憲院殿御実紀』巻十）。

この事件により、常信は最大の庇護者を失った。そして、それだけに止まらなかった。常信が堀田と親しくしており、以前、魚捕りに同行していたことが、綱吉の耳に入ったのである。生きとし生けるものを大切にした綱吉にとって、この行為は「不届き至極」であり、その後決して常信に絵を依頼することはなくなった。

このことはすぐに世間にも広まった。諸大名も綱吉をおもんぱかって、一切仕事を頼みに来なくなり、常信は、その後何年も「日蔭者」になってしまったのである。


そんな常信に、救いの神が現れた。

その人物は綱吉に、あの頃は堀田正俊が絶大な権力を持っていたのだから、魚捕りに同行したという常信の行動は、やむを得なかったのではないか、と述べ、絵師としては当代随一の存在であるから、どうか御慈悲をもって許してくださるよう、執り成してくれたのである。時は、元禄であった。

その進言は受け入れられた。綱吉はその後、常信に絵を依頼するようになり、宝永元年（一七〇四）十二月十二日には、法眼の位を与えられるまでになったのである（「永慶寺殿源公御実録」）。

元禄十五年（一七〇二）、常信は、この恩人から肖像画を依頼された。彼こそが本書の主人公、五代将軍徳川綱吉の側近「柳沢吉保」である。

柳沢吉保像（個人蔵）

これが、常信の手による吉保の肖像画である。脇に佩刀を置き、手に払子《ほっす》を持った烏帽子・狩衣姿の吉保。

ちなみにこれ以外にも、二幅現存している。現在、山梨県甲府市の一蓮寺に所蔵されているものは、太刀を帯びた束帯姿で、前に置いた文台に『古今和歌集』を載せ、山梨県韮崎市の常光寺所蔵のものは、同じく太刀を帯びた束帯姿で、文台には軍令を載せている。三幅ともに同十六年八月二十六日に、吉保が賛を加えたという。自らが命じて描かせたものであるから、その姿は、リアルか、あるいは少し男前に描かれている可能性もある。

読者の皆さんは、この姿を見て、どのような印象を持たれただろうか。

鋭い眼差しに、「策士」とか「悪徳政治家」というような印象を受ける方が多いのではないかと想像する。しかし、そう思った方は、純粋にこの肖像画を目にして、というより、次のようなさまざまなエピソードが頭に浮かぶからではないだろうか。

・五代将軍綱吉の寵臣柳沢吉保は、武田信玄で有名な武田家の末裔で、天下取りの野望を抱いていた。

・吉保は、綱吉が吉保邸を訪れるたびに、美人を揃えて女色を勧めた。そして、吉保の妻を使って綱吉を籠絡した。

・吉保の嫡男吉里を綱吉の御落胤と称し、一〇〇万石の御墨付きを手に入れた。

・吉保は、諸大名と姻戚関係を結んで権力を拡大した。

・次代将軍となる徳川綱豊（家宣）を呪い殺そうと画策した。

・綱吉は、吉保にされるがままであったため、それを憂えた綱吉の正室鷹司信子により、殺害された。それを追って、信子も自害した。

これこそが、古くは講談や歌舞伎、現代では映画やテレビドラマに描かれる際の「柳沢吉保」像である。家臣が主家の乗っ取りを企み、それに女性や御落胤、カネがからむという、典型的な「御家騒動」のストーリーだ。しかも、徳川将軍家を舞台としているから、大名家の「御家騒動モノ」より、ダイナミックである。私が、生涯学習講座などで、中高年層が中心の受講生の方々に、柳沢吉保のイメージを聞いてみると、黒幕として辣腕をふるうダーティーな政治家としての面をお話し下さる場合が多い。まさに、このストーリーからくるイメージである。

ただし、この肖像画は、別の意味から、女子大生のお気には召さないらしい。

数年前、この写真を見せながら講義をしたところ、何人かから出た感想が、

「かっこいい人かと思ったのに、がっかりしました」。

これには、驚いてしまった。前提が「かっこいい」とは……、なぜ?

どうも彼女たちの考える吉保は、北村一輝(「大奥~華の乱」フジテレビ、二〇〇五年)、田辺誠一(「徳川綱吉　イヌと呼ばれた男」フジテレビ、二〇〇四年)のイメージのようなのである。私はあまり、ドラマや映画を見ないので、ピンとこなかったのだが、調べてみたところ、ほかにも、石坂浩二・あおい輝彦・榎木孝明・村上弘明など、数々の二枚目俳優の方が演じておられることを知り、驚いたり、納得したりした。

吉保の「顔」そのものを想像するにはこの肖像画に頼るしかないが、真の姿としての「顔」はいかに。本当にダーティーな政治家なのだろうか。

なぜ「柳沢吉保」なのか？

それでは、なぜ「柳沢吉保」を取り上げるのか、というところから話を始めたい。
私は、日本近世政治史を専門としているが、江戸時代を考える多様な切り口のうち、「人」にこだわって、研究を進めてきた。当たり前のことではあるが、歴史を紡ぎ出しているのは「人」、政治を行う主体・基盤は「人」だからである。その中で特に、江戸時代全体から徳川幕府の政治史を見通すことができる存在として注目してきたのが、「将軍側近」である（福留真紀『徳川将軍側近の研究』）。

ここでいう「将軍側近」とは、「将軍の側近くに仕える人の中で、その存在が将軍に政治的影響力を持った人。将軍の意志を伝達する人」をいう。十五人いた徳川将軍の在り方は多様であり、中には、幼少な者や病弱な者など、自ら政治的手腕を振るえたとは考えにくい者もいた。しかし、江戸時代は、政治体制がどのような形に移り変わろうとも、実際の政治は、将軍権力を背景にしなければ遂行できなかった。四代将軍徳川家綱の時代には、老中制が成立し、将軍は、整備された政治機構の中で、上申されてくることを承認さえすれば政治が動いていく体制が形成されたと言われるが、それ以降も、本書の主人公である五代綱吉政権期の柳沢吉保をはじめ、六代家宣の間部《まなべ》詮房《あきふさ》（将軍側近）

や八代吉宗の水野忠之（老中）の例からもわかるように、将軍によっては、新しい家を抜擢することが少なくなかった（山本博文「総論　将軍権威の強化と身分制秩序」）。

つまり、徳川幕府の政治権力は、将軍権力そのものなのである。よって、江戸時代の政治構造は、将軍が政治的手腕を自ら示したのか、または権威を発揮するのみの存在であったのかといった、将軍のあり方を、解き明かさなければならない。そのためには、将軍側近が政治向きにどのように関与しているかを検討することが、必要になってくるのだ。その将軍側近の代表的人物の一人が、五代将軍徳川綱吉に仕えた「柳沢吉保」なのである。

悪評の生まれ方

少々堅苦しいことを書いたが、そもそも私と吉保は、高校時代から不思議な縁があった。母校、東京都立小石川高等学校（現小石川中等教育学校）は、私の在学時、校舎建て替えの真っ最中だった。校庭に新校舎が建設中だったので、体育祭は、三年間とも近くにある六義園運動場でおこなわれた。その時には、まさかその六義園の主「柳沢吉保」を研究することになろうとは、夢にも思っていなかったのであるが……。

余計なことだが、総理大臣を務めていた鳩山由紀夫氏や、何かと話題を振りまく小沢一郎氏も本校の卒業生である。とはいっても、現代日本の政治構造について論じようというわけではない。しかし、ここで、「悪役」を歴史上背負わされてしまった「柳沢吉保」に関連して、「悪評の生まれ方」について、指摘しておきたい。

ここのところ、日本の政界は大きな変化のうねりの中にいるようだ。その中で、新しい政権を担うことになった人物が、その政権の良い点をアピールするために、政権を掌握してからも、前政権批判を頻繁に行うという状況を、私たちが目の当たりにしたことに注目したい。これは、ある意味当然の動向である。

政権党が替わる場合はもちろんだが、同じ党内で内閣が移り変わる際にも、少なくとも、現内閣が前の内閣を積極的に褒めることはなかったのではないだろうか。そのようなことをしても、現内閣に得なことはないからであり、それは、今も昔も変わらず続いている現象である。現政権を肯定するために、大なり小なり前政権の悪い評価は、時の政権によって常に生産し続けられるのである。それは一過性の悪評であることも多いが、それが、時の政権の独りよがりなものではなく、世間の評判と合致した場合は、巷における定説になっていくのである。

政治家の中には、自らの言動や作り上げた政策が批判にさらされると、「後世の解釈に任せたい」などと、逃げる人もいるが、これもこの悪評の生産メカニズムを意識している発言といえよう。つまり、今批判の対象となっていたとしても、後世の評価で好転する可能性も出てくるからである。このような観点は、歴史における人物評を見ていくには必要なことであろう。

前置きはこれくらいにして、本書の主役、五代将軍綱吉に側近として仕えた「柳沢吉保」は、どのような人物であったのか、紐解いていくことにしよう。

＊多くの方に味わっていただくため、本書における史料は意訳し、原文引用部分は書き下し文とした。また、氏名が時期により異なる者がいるが、混乱をさけるため、特別な場合を除き、最も一般的な氏名を使用する。

第一章　柳沢吉保は側用人ではなかった？

教科書の中の側用人

まず、「柳沢吉保は、側用人なのかどうか」という、基本的な事柄を検討していくことからはじめてみたい。

そもそも側用人は、「そばようにん」と読む。大学受験用の日本史用語集には「将軍に近侍し、将軍の命を老中に伝え、老中の上申を将軍に伝える役職」（『日本史B用語集』山川出版社）とある。そして、江戸時代の歴史、もしくは時代劇、時代小説好きな皆さんは、「柳沢吉保は、側用人である」ことに、疑問をさしはさむ余地はない、と思われるのではないだろうか。その根拠として、手元にある高等学校の日本史の教科書から、吉保について書かれている部分を引用してみたい（太字は筆者による）。

政治の安定と経済の発展とを背景に、17世紀後半には5代将軍徳川綱吉の政権が成立し、いわゆる元禄時代が出現した。綱吉の政治は、大老の堀田正俊が補佐しておこなわれたが、正俊が暗殺されたのちは**側用人の柳沢吉保**がこれにかわった。
（『詳説　日本史B』山川出版社、二〇〇七年）

柳沢吉保は、側用人であると、はっきりと書かれている。ちなみに高校の教科書には、もう一人、側用人が載っている。

将軍徳川吉宗のあと、9代将軍徳川家重をへて10代将軍徳川家治の時代になると、1772（安永元）年に**側用人から老中となった田沼意次**が十数年にわたり実権をにぎった。
（『詳説　日本史B』）

その活躍期を「田沼時代」などと称された、田沼意次である。

しかし、いずれも「側用人」と称しているものの、実は、柳沢吉保と田沼意次の幕府でのあり方には、大きな違いがあった。

実は、前述のプロローグでは、吉保に対して「側用人」という文言を一切使わず、「将軍側近」と称していた。この事には、ワケがある。

柳沢吉保の沢山の同僚たち

まず、徳川綱吉の将軍在職期間中（一六八〇～一七〇九）に、「側用人」を務めていた、とされる人物を一覧してみよう。

柳沢吉保のほかに十一人いる。就任時期をよく見ると、十二人が同時期に務めていたわけではないことがわかるが、それにしても大人数であることを意外に感じられたかもしれない。

御馴染みの名前はあるだろうか。プロローグで少し触れた、二〇〇五年にフジテレビで放映された「大奥～華の乱」の主役、安子（演じたのは内山理名）の父親（平泉成）ということで、「牧野成貞」の名前にピンと来た方は、いらっしゃったのではないか。それ以外の人物はあまり聞かない名前かもしれない。

［表1］徳川綱吉政権期における「側用人」一覧

	氏名	就任日	退任日	前職	後職
1	牧野成貞	天和元（1681）・12・11	元禄8（1695）・11・29	神田館御側→神田館奏者役→神田館家老→側衆	なし
2	喜多見重政	天和2（1682）・9・6	元禄2（1689）・2・2	書院番→中奥番→側衆	なし
3	松平忠易（周）	①貞享2（1685）・7・21 ②宝永2（1705）・9・21	①元禄2（1689）・3・22 ②宝永6（1709）・1・17	①詰衆→若年寄 ②なし	なし
4	太田資直	貞享3（1686）・1・11	貞享3（1686）・6・29	奏者番→若年寄	なし
5	牧野忠貴	貞享5（1688）・9・12	元禄元（1688）・10・13	小姓組番頭→側衆	なし
6	柳沢吉保	元禄元（1688）・11・12	宝永6（1709）・6・3	神田館小姓組→小納戸（上席）	なし
7	南部直政	元禄元（1688）・11・12	元禄2（1689）・1・26	詰衆→側衆	なし
8	金森頼旹	元禄2（1689）・5・11	元禄3（1690）・4・14	奥詰	なし
9	相馬昌胤	元禄2（1689）・6・4	元禄2（1689）・8・21	奥詰	なし
10	畠山基玄	元禄2（1689）・12・7	元禄4（1691）・2・3	奥高家→側衆	奏者番
11	松平輝貞	元禄7（1694）・8・27	宝永6（1709）・1・17	中奥小姓→側衆	なし
12	松平信庸	元禄9（1696）・10・1	元禄10（1697）・4・19	奥詰	京都所司代

また、この表自体に異論がある方もおられると思う。このような役職一覧は、歴史辞典の付録に付いていることも多い。初期の側用人の場合、一覧によって細部が異なる場合があるからだ。寛政期に幕府の手で編纂された『寛政重修諸家譜《かんせいちょうしゅうしょかふ》』および、同時期に編纂が建議された『徳川実紀』の二通りの情報が併記されており、特に就任期間については明確な見解が示されていない場合も多い。結局誰がいつからいつまで務めていたのかがはっきりしないままなのである。

なぜ、このような状態になっているのだろうか。それは、史料によって側用人の就任、退任に関する記述が様々だからである。特に一次史料を目にする機会があまり整っていない時期に作成された一覧は、二次史料から情報を得たものもあり、正確さに欠ける場合がある。[表1]は、それらの問題点に鑑み、現在確認できる一次史料を駆使して確定したものである。なお、これはあくまでも現時点でのものであり、今後、より良質な史料が見出されれば、変わる可能性もある。

それでは、どのような史料がより確からしいと判断されるのか。それはよりリアルタイムであり、史料の書き手が、正確な情報を得られる立場の人物か、ということが、主要なポイントとなる。今回の場合は、幕府におけるあり方がテーマとなっているのだか

伝徳川綱吉画像（部分。徳川美術館蔵ⓒ徳川美術館イメージアーカイブ／DNPartcom）

ら、役職を任命している幕府の公式見解を確認することが最も重要である。よって、徳川幕府の公式な日記類の補職・転免の記事を整理し、同時代の老中や幕府関係者の史料で確認の上、就任期間を確定した。

一見して、綱吉が将軍に成る前に館林城主として、神田橋内の館を住居としていたころから仕えている牧野成貞・柳沢吉保のように、就任期間が十年以上の者から、わずか一カ月の者まで、色々であることがわかる。役職の点でも、経歴は多様で、側用人の後に別の職務に就く例が少ないことが挙げられる。それらの点にも目配りしながら、まずは、興味深いエピソードが伝わっている四人の人物について、見ていくことにしたい。

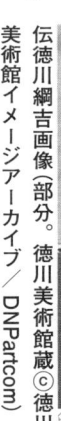

「側用人」第一号――牧野成貞①

牧野成貞は、柳沢吉保と同じく、綱吉が五代将軍に就任する前からの家臣であり、江戸の神田館で綱吉の側近くに仕えるところからスタートしている。

徳川幕府の日記をひも解くと、天和元年（一六八二）十二月十二日に、江戸城の門を守る与力や同心に対し、牧野が門を出入りする時は老中の場合と同様に、下座するよう命令が出ている。ほかにも、甲府宰相徳川綱豊（のちの六代将軍徳川家宣）と御三家が将軍に対面する際、老中と共に挨拶に出るなど、牧野が老中に準じた扱いを受けていたことがわかる。

牧野には、そのような立場を彷彿とさせる、次のようなエピソードが伝わっている。

小姓の永井直増が、上使（将軍からの使者）として牧野のところを訪れた時に事件は起こった。永井は言った。

「上意（将軍の御意向）でございます」

牧野は聞いてはいたものの他のことをしていた。

「上意でございます」

牧野は、平伏したが、片手しか付かなかった。

「上意でございます」

牧野は、ここに至って、ようやく両手を畳に付けたので、永井は上意の内容を伝え、牧野の返答を請けた。その後、再び口を開いた。

「私は軽い身分でございますから、どのようにおあしらいになられても構いません。しかし、上意は疎かにしてはならないものでございます。軽輩が伝えに来たからといって、上意を軽くお聞きになるとは、とんでもないことでございます」

その様子は、牧野が一言でも反論すれば、刺し殺さんばかりの勢いであった。

「私が悪かった。この通り謝る」

牧野は、何度も詫び、事無きを得た。

そのようなことがあったので、綱吉の御前に報告に出た時の永井は、興奮しているような様子だった。綱吉は、別の小姓を呼び、事情を尋ね、以上のことが綱吉に知れた。綱吉は牧野に、「物事をすべていい加減にしていると、以前の堀田のようなこともある。外聞の悪いことは慎むように」と伝え、永井は御預《おあずけ》としたという。

「以前の堀田のようなこと」というのは、プロローグの冒頭で紹介した、大老堀田正俊が江戸城内で暗殺されたことを指している。牧野は、綱吉の上意を軽んじたわけではないだろうが、上使の小姓に関しては、自分より格下の役職であったので、相手を軽んずる気持が働いたのであろう。牧野自身は、政務を統轄する官僚のトップである老中に準じた扱いを受けている身。少し増長気味になり、脇が甘くなっていたのかもしれない。

ところが結果は、牧野が綱吉の口頭注意で終わり、逆に永井の方が牧野に対しての礼を失した行動を咎められて、御預（大名や国事犯の武士に適用された刑罰。大名に預けられる）になってしまった。他の者であれば、綱吉に無礼をはたらいたと思われかねない状況のはず。牧野が将軍に信頼されていたことがわかるエピソードといえよう。

ちなみに、永井はこの時、一族の永井直敬に預けられたが、翌年八月十六日に許され、十一月十六日より再び小姓を務めるが、その後江戸城内の六尺屛風の上を飛び、足をくじいたという。牧野に正面きって正論を述べたり、百八十センチの屛風を飛んだりと、少し変わった人だったのかもしれない。

これは、『御当代記』の貞享元年（一六八四）十一月六日付の記事である。この史料は、延宝八年（一六八〇）五月から元禄十五年（一七〇二）四月までの二十二年間を編年体で記述したもので、綱吉政権期をリアルタイムで書き留めたものである。著者は、浅草丸山在住の歌人戸田茂睡《もすい》（一六二九～一七〇六）。市井の人が、このような記述を残すことができたのは、茂睡の実母が高家《こうけ》の大沢基宿の娘であり、幕臣に和歌の弟子がいたことなど、幕府内部の情報が手に入る立場にあったためである。内容からは、綱吉政権への厳しい目が感じられる。それには、茂睡の父渡辺忠が仕えた徳川忠長が、三代将軍家光に切腹を命じられたために、下野国黒羽で蟄居となったことや、父の死後に伯父戸田政次の養子となり、岡崎藩本多家に仕えたが藩政改革の際に暇を賜ったという、苦難の道を歩いたことが影響しているのかもしれない。

同じく『御当代記』の元禄二年（一六八九）十二月十五日にも、牧野の将軍との強い個人的つながりが窺える記事が見られる。この日、牧野の家臣である鈴木徳之進・すが金弥・三妻右近の三人が、桐間番（奥向番衆の一つ）という役職に取り立てられた。また、同五年二月十日に、次番の伝八郎という者が番所で自害しているが、この人物も、もとは牧野の家臣だったという。つまり、牧野家の家臣が、幕臣に取り立てられているのだ。

ちなみに、このような事例は、柳沢吉保の家臣にもみられるが、他の「側用人」にはない。

外国人の眼——牧野成貞②

次に、外国人の目に映った牧野を紹介したい。書き残したのは、オランダ商館長の江戸参府に随行していたドイツ人医師のエンゲルベルト・ケンペル。時は、元禄四年(一六九一)のことである(『江戸参府旅行日記』)。ケンペルは、牧野の容姿にも言及していることが興味深い。

牧野は、「長身でやせていて、ドイツ人に似た細長い普通の顔」をしており、「立居振舞もゆったりしていて、親しみやすい人柄」であったという。この時、五十七歳であったが、ケンペルには「七十歳ばかりの男」に見えたらしい。翌年の参府では、綱吉が座興に牧野の年齢を当てさせているのだが、その際には、そつなく「四十五歳」と答えているのが面白い。

当時のドイツ人の感覚はよくわからないが、強いてまとめると、背の高いやせ形で、面長で彫りの深い、老け顔な男、というところだろうか。加えて、人々が牧野の事を、「公平無私の人物」と褒めており、功名心も執念深さもない、と記している。

オランダ商館長一行の将軍拝謁に、牧野がどのように関与したかに注目すると、彼の幕府でのあり方が見て取れる。ケンペルによると、この拝謁は二回あり、次のような手順で行われた。

一度目の拝謁は「オランダ・カピタン（商館長のこと）」という披露の声により、商館長が、老中をはじめとする幕閣が列座する中、「献上品がきちんと並べてある場所と、将軍の高い座所との間で、命じられた通りひざまずき、頭を畳にすりつけ手足で這うように進み出て、一言もいわずに全くザリガニと同じように再び引き下がった」という、「あっけないもの」であった。この時は、大目付など、表向の役職（江戸城の政治・儀式空間である「表向」に所属する役職）の者のもとで儀式が挙行されていた。なお、初期の頃はこの一回のみの拝謁であり、その二、三日後に、商館長は法令の遵守を誓い、老中から長崎に帰る許可が伝えられた。つまり、この一度目が、公式な拝謁と言うべきものであった。

綱吉政権期には、商館長のみのものに続いて、二度目の拝謁があり、その場は、牧野によって進行された。これは、幕閣だけでなく綱吉の正室をはじめとする大奥の女性たちも御簾《みす》の陰から見物した。綱吉から、商館長がその随行員と共に質問を受け、随行員

①牧野成貞　②老中　③若年寄　④通詞　⑤オランダ商館長
⑥ケンペル

『江戸参府旅行日記』（ケンペル著）より

たちは、歌や踊りを披露させられた。牧野は、老中・若年寄とは異なり、御簾の近くに座し、綱吉と通詞を通したケンペルらとの会話の橋渡しをした。彼らが年齢や名前を筆記させられた際も、記した紙片と文具を綱吉に御目にかけるため、御簾の下から差し入れている。

つまり、牧野は、大奥の女性たちも加わる、いわば非公式な場において、中心的立場にあった。これらのことから、牧野は、老中に準じた地位に位置付けられていたものの、その職務領域は異なっていたといえよう。

ただし、二度目の拝謁の場のみを目にしたケンペルにとって、牧野は大変印象深い人物として記憶されたようだ。拝謁の日が、例年と違う日に設定されたのは、牧野が「われわれから解放されるため、この日を選んだのである。なぜなら彼が来たる三月五日に将軍を宴に招く考えで、必要な準備をするのに妨げとなるのを好まなかったからである」と、牧野の都合によるものだと述べ、三年前の綱吉の牧野邸訪問の様子などを記している。ケンペルには、牧野が最高実力者のように見えていたため、日程についても牧野の意志が優先されるように考えたようだ。

しかしこれは、ケンペルの誤解である。牧野の屋敷を訪ねるのも、その日取りを決めるのも、あくまでも将軍綱吉であり、牧野の勝手になるものではない。もちろん綱吉の頭の中には、オランダ商館長の江戸参府のスケジュールと牧野が綱吉を招待するための準備が、重ならないようにという考えがあっただろうが、それは牧野への配慮というより、綱吉の都合にすぎない。将軍の御成については、第二章で詳しく言及する。

諸大名の眼――牧野成貞③

諸大名には、牧野はどのように見えていたのだろうか。あるエピソードを紹介したい（「牧野備後守様より此方へ御内意次第記録」東京大学史料編纂所所蔵、宗家史料）。

貞享三年（一六八六）十一月、中風のような病気に罹っていた側衆大久保忠高は、はじめ綱吉から拝領した朝鮮人参を用いていた。しかし、使い切ってしまったため、牧野を通じて宗家（対馬藩）に人参の購入を申し入れたという。

十一月七日のこと。牧野家の用人藤江竹右衛門から宗家の聞番（留守居のこと。幕府やほかの藩と折衝するいわば外交官のような役職）に、「用があるので、牧野家の玄関まできていただけないか」という内容の書状が届けられた。鈴木判兵衛が参上したところ、藤江は次のように述べた。

藤江（牧野家用人）「大久保佐渡守様が、このところ病を得ており、朝鮮人参が必要と成られたとのことです。町で調達された人参の質が悪いので、どうにかして良い人参を手に入れたいと、わが殿に申し入れられました。殿は、値段は決まり通りで結構であるので、良い人参を用意していただけないかと申して居られます。重ねて、佐渡守様より依頼がありましたら、念を入れて調えて下さい。この事について、関係各位に我が殿の意向をお伝え願えませんか。佐渡守様の今回の病気は、中風のようなのです」

鈴木（宗家聞番）「おっしゃることはよくわかりました。しかし、人参は、町で購入されようがどこであろうが同じものでございます。ただ、備後守様（牧野成貞）からのお話ということですので、念入りに吟味いたします」

藤江「佐渡守様の用人がそちらに参られたら、宜しく頼みます」

その日のうちに、牧野の意向は、対馬藩主宗義真《よしざね》に伝えられた。

翌八日には、聞番の鈴木が、牧野の意向を受け入れるとする宗家側の返事を携えて、牧野邸を訪ねてくる。宗家側はその中で、①人参の質は、将軍家に献上されるものは特別だが、それ以外は、町中に出回っているものも、宗家の手元にあるものも同じで上等であること、②今回は、牧野の口添えであるから手元にあるものを吟味するのであって、それ以外の場合にはこのようなことはしない、と牧野だから特別であることを強調している。

それに対して、牧野は、「私の口添えだからといって値を下げることは、外聞が悪いので、必ず決められた値段で売って下さい」と念押しをしている。

ここで注目されるのは、宗家側が、牧野を特別だと強調している点、および、牧野側が過剰な特別扱いを恐れ、あらかじめ予防線を張っているところである。大久保は、はじめ将軍より人参を下賜されているところからみて、宗家への購入申し込みの背景に綱吉の意向があったのかもしれない。いずれにしても、牧野の政治権力を認めていたからこそ、大久保家は仲介を頼み、宗家もそれに応じたのだと考えられる。

牧野は、神田館家老であった父の儀成《のりなり》より二〇〇〇石を相続したが、最終的には、七万三〇〇〇石の大名という、破格の出世を遂げている。元禄八年（一六九五）十一月二十九日、本人の希望により、隠居している。

生類憐み政策の一翼を担う――喜多見重政

喜多見重政は、綱吉政権期の代表的政策の一つと言うべき、いわゆる「生類憐みの令」について、深く関与していたようだ。『御当代記』貞享四年（一六八七）二月の記事に「犬のことについての支配のトップ〈大支配極り〉は喜多見若狭守である」との記述がある。加えて、喜多見の領地の武蔵国喜多見村に、大規模な犬小屋が建設されるなど、大事業の一翼を担っていた。

この法令については、政務を統括する立場にある老中ではなく、「将軍―側用人」ルートが主導だった。同三年二月二十三日には、松平忠易（忠周）・牧野成貞より綱吉に、前年、馬の筋を延ばすこと（いわゆる整形手術を施すこと）を禁止したにもかかわらず、改善されていなかったことが報告されたのをうけて、老中↓目付↓徒目付というルートで、取り締まりが命じられている。同四年二月二十一日には、最近、犬のことについて、老中が考え違いをしている点があるため、再度、綱吉の意向が牧野より、寺社奉行・留守居・大目付・町奉行・勘定奉行・目付に伝えられており、その場に、老中・若年寄と共に喜多見も同席している。

喜多見は、元禄二年（一六八九）二月二日に任を解かれているが、そのきっかけとなったのは、彼の伯父喜多見重治（小普請）をめぐる事件だった。

同年正月二十三日に、重治邸で、重治の妹婿朝岡直国（小普請）が重治に斬りかかった。重治は負傷し、朝岡は重治の家来香取新兵衛に殺害されたという。その後、重治は、幕府の事件の調査において偽証し、斬罪となった。伯父の不祥事のため、喜多見は遠慮していたが、二月二日に、領地を召し上げられ、桑名藩主松平定重に御預が命じられている。

喜多見は、その桑名への道中、宿に着くたびに方角を尋ねて、江戸を後ろにしないよう本陣に方角の貼り紙をし、桑名に着いてからも毎朝裃を着て、江戸の方角を拝み奉っていたという（「葉隠」聞書十）。

わずか二カ月の就任だった二人の外様大名――南部直政・相馬昌胤

柳沢吉保には、同じ日に将軍側近に就任した人物がいた。陸奥国三戸・九戸・志和に二万石の領地を賜っていた外様大名南部直政である。

任命の際の二人の序列は、①南部②吉保の順で、任命の御礼でもその順に控えていた。

二万石の大名である南部と、その時点では二〇三〇石の旗本に過ぎなかった吉保では、当然の順番である。そして、綱吉に御礼に伺おうと、南部が立ち上がったところ、綱吉から「出羽（当時、吉保は「出羽守」）」と声が懸かったため、その時より座順が①吉保②南部となった（「永慶寺殿源公御実録」）。綱吉は、大名、旗本の序列より、親しさを優先したようである。

南部は、わずか二カ月で解任されるが、そのきっかけは、手に小さな出来物ができたことだという。綱吉がけがらわしく思い、「養生するように。平癒したら、ふさわしい役を命ずる〈養生仕り候へ、平癒も致し候はば、似合の御役をも仰せ付けらるべきの由〉」として退任させたとされる（『御当代記』）。将軍の側近くに仕えているため、血の汚れを疎まれたようだ。綱吉の潔癖さも彷彿とされる。

同じく二カ月だった陸奥国中村六万石の藩主、相馬昌胤も、病気のための退任だが、その内情はだいぶ違うようだ。

相馬は、江戸城で、縁側から部屋に出入りする際に、障子の開け閉めに貪着しなかったようで、その大らかな大名ぶりを、綱吉も微笑ましく見守っていたという（「永慶寺殿源公御実録」）。

退任する五日前の元禄二年（一六八九）八月十六日には、綱吉が着用していた白縮緬の綿入肌着と綟《もじ》御肩布単《ひとえ》袴を拝領した。この日は、肌寒かったにもかかわらず、御前にいた相馬が薄着だったため、綱吉が、下着を着用するよう言った。相馬が、持参していない旨を申し上げると、綱吉が自ら着ていたものを脱いで与えたという（『相馬藩世紀』）。この綱吉の行動は、体調を崩していた相馬への優しさだけでなく、二人の衆道関係をそれとなく示しているのかもしれない。

これらの事例を見ると、その就任、退任に、綱吉の好き嫌いが多分に影響していることが考えられる。幕府の役職に就任するのは通常譜代大名であり、そのような機会の少ない外様大名からの任用という点も、異色の人事といえよう。

十二人の立場

ほかにも、就任時に牧野忠貴は六〇〇〇石、畠山基玄は二一〇〇石の旗本であり、喜多見も、就任後の天和三年（一六八三）正月十一日に六八〇〇石余り加増されて一万石の大名になるなど、旗本と大名が混在する、組織としてはかなり特異な様相を呈している。

そんな彼らは、幕府においてどのような存在だったのだろうか。徳川幕府の日記をひも解いてみると、実に不思議なことに気付く。

この十二人は、「側用人」という「役職」に任命されてはいないのだ。

つまり、幕府日記類にある彼らの就任記事は、先任者の名を挙げて「〇〇並」「〇〇同役」「〇〇列」と記され、「『側用人』に任命された」とは書かれていないのである。

幕府の日記と一言で述べているが、幕府の書記役である右筆が作成していたもの以外にも、老中や若年寄が詰める御用部屋の日記や、江戸城の各部局や出入りする諸大名の要求から生まれた殿中御沙汰書など、様々な種類があるといわれている（小宮木代良『江戸幕府の日記と儀礼史料』）。

しかも、江戸時代全時期がすべて現存しているものはなく、幕府だけでなく複数の大名家に伝えられた写本を組み合わせて検討しなければならないのが現状である。

それぞれの日記の性質も、明らかになっていない部分も残されており、まだまだ研究途上である。そのうち最も一般的なのが、雄松堂からマイクロフィルムとして出されている「柳営日次記《りゅうえいひなみき》」であるが、これは寛政期に建議され、幕府がはじめた歴史書『徳川実紀』の編纂のために作成された史料という面があり、これだけで議論を進めるわけにもいかない。そこで、該当時期の幕府日記をできるだけ多く検討した。

その結果、幕府日記類で、その就任記事に「御側御用人」という語句が初出するのは、宝暦六年（一七五六）五月二十一日の大岡忠光の記事であることが明らかになった（東京国立博物館所蔵「御日記」、国立公文書館内閣文庫所蔵「柳営（宝暦）日録」「柳営（宝暦）録」）。よって、綱吉政権期には「側用人」という呼称は、公式に役職名として固定されてはいなかったといえる。

ここで、「幕府日記類」での「就任記事」を分析していることが重要なポイントである。つまり、役職の任命を行う幕府が、任命時に、その役職をどのように称しているか、ということで、その時点で公式に役職名称が定められているか、ということを検討しているのである。そもそも「側用人」という名称は、「主君の側に仕える用人」ということなので、通称としては、これよりも前の時期に登場しているが、それはここでは問題にならない。

綱吉政権期に、「側用人」という呼称が、公式に役職名ではなかったことは、幕府日記類以外の史料からも見ることができる。先に挙げた『御当代記』貞享二年（一六八五）七月二十一日の記事では、松平忠易について、「牧野成貞の勤務を見習うように（牧野備後守勤見習候様に〉」申し渡されたといい、その立場について、「奥（将軍の執務・生活空間）に所属するが、若年寄でもなく側衆でもない〈奥へ入、若年寄にもあらず御傍衆にもあらず〉」としている。牧野成貞、喜多見重政と松平忠易の三人については、「前例のない御奉公で、老中の次若年寄の上〈御先代より無類御奉公にて、御老中之次若年寄の上〉」であるとし、特に牧野は、「威勢は老中も及ばない〈威勢は御老中も及ばず〉」と述べられている。

加えて、天和元年（一六八一）から元禄十二年（一六九九）まで老中を務めた戸田忠昌の日記には、喜多見重政について、「牧野成貞に従い、見習うように〈牧野備後守へ相添へ見習候様に〉」、松平忠易には「御近習として召し使われる。牧野の仕事を見習うように〈御近習にて召し仕へらるべく候、備後守様子見習ひ候様に〉」とある。その他も、喜多見・松平の在職中に就任した者については、喜多見か松平、または両名を挙げて「並」、あるいは「同役」を命じられたとしており、二人の退任後に任命された者は前任者の名が挙げられている。このように、同時代を生きた者や、その時の役職の任命権者ともいうべき老中が記したものの中にも、彼らは「側用人」に任命された、とは記されていないのである。

ただ、このような「〇〇同役」「〇〇並」を積み重ねていけば、[表1]のような集団が浮かび上がってくるわけで、幕府も、『御当代記』や「戸田忠昌日記」の記述にあるように、初期の段階では牧野とその見習いの集団、と位置付けていたようだ。それを裏付ける例を挙げてみよう。

年末になると、将軍から拝領品があるのが恒例である。元禄元年（一六八八）十二月二十七日の記事を見ると、時服（季節の衣服）を五枚拝領しているのが、大久保忠朝・阿部正武・戸田忠昌・土屋政直の四人の老中と牧野成貞。四枚拝領が、松平忠易・喜多見重政・柳沢吉保・南部直政と若年寄の秋元喬知・稲垣重定となっている（東京国立博物館所蔵「御日記」）。つまり、老中と若年寄の間に、牧野以下南部まで、この時点での将軍側近メンバー全員が名を連ねているのである。

また、「諸役人系図」（東京大学史料編纂所所蔵）での彼らの記され方も興味深い。この史料は、寛永八年（一六三一）以降の部分は幕府の日記に、それ以前はその類本に依拠している、幕府の諸職の就任者一覧である。元禄十六年（一七〇三）の記事までしかないことから、まさに綱吉政権期に作成されたものと言える。

これによると、牧野成貞・柳沢吉保・松平輝貞という就任期間トップの三人には、役職名はなく、その他の者は「御近習」となっている。「側用人」としていないばかりか、右の三人が他の者と別に考えられていたのである。

役職としての側用人

子飼いの家臣から外様大名や旗本、そして知恵伊豆として知られ、三代将軍家光政権期に活躍した松平信綱の実の孫にあたる松平輝貞のような譜代の家柄の者まで、出自や石高はさまざま。就任期間も極端な差があり、その就任、退任は、綱吉の心ひとつのような様相である。公式には役職名は付されていない。

このように見ていくと、このあいまいな状態は、幕府の役職が新しく生まれる過程における不安定な時期だからこそであり、とるに足らない問題だ、と考えられる向きもあるだろう。

しかし、私は、このあいまいさこそが、綱吉政権期の将軍側近の特徴である、と考えている。先に述べたように、幕府の日記の就任記事の中に「側用人」という文言が登場するのは、宝暦六年(一七五六)五月二十一日の大岡忠光の記事であるが、それ以降の側用人は、柳沢吉保の頃とは、変質しているのだ。

将軍側近の在り方については、八代将軍吉宗が、紀伊藩主から将軍に就任する際、紀伊国から同行した自らの側近は既成の官僚組織であった「側衆」に組み込み、その中で「御側御用取次」という位置付けをしたことから、「側用人」は吉宗の時代に一時中断した、という解釈がなされている。そして、この吉宗政権期をはさんで、前と後の時代では、「側用人」の在り方は全く違うのである。

前の時代は、［表1］でもわかるように、ほとんどの場合、将軍側近を就任の最後としている。これは、その立場が、綱吉と密接な関係を持っており、綱吉との関係性が絶たれたり、綱吉が没すると、政治生命が終わることを意味している。

［表1］と［表2］の間の時期に当たる六代将軍徳川家宣および七代家継の頃には、間部詮房と本多忠良という二人の将軍側近がいる。間部は、家宣が将軍嗣子として西丸にいた時期である宝永三年（一七〇六）正月九日より、側近としての仕事をしており、本多は正徳元年（一七一一）九月二十一日より務めている。両者ともに、家宣の死後、わずか五歳で将軍職を継ぐことになった家宣の嫡男家継の側近を引き続き務め、家継が正徳六年（一七一六）四月三十日に没した直後、五月十六日に退任した。間部はその後役職に就くことはなく、本多は享保十九年（一七三四）六月六日に老中に就任するが、それまで長きに渡り、役職に就いていなかった。それは家継とともに一度政治生命が終わ

ったことを示しているだろう。つまり、綱吉政権期と同様の将軍側近の在り方であるといえる。

それに対して、〔表2〕を見ると、後の時代では、老中の補佐役である若年寄の出身者が半分以上を占め、側用人の後に老中に就任する者が多い。松平信明や戸田氏教は、側用人の就任期間が、それぞれわずか二カ月、七カ月であり、側用人が老中昇進の通過点となっていることを象徴的に示しているといえよう。加えて、側用人の不在期間がなかった前の時代と違い、非常置の存在になっている。つまり、このころの側用人は、一部、田沼意次をはじめ、水野忠友・水野忠成のように、老中就任後も将軍側近としての職務を継続している者もいたものの、その多くは、将軍に欠くことのできないお気に入りの側近、という人間同士のつながりではなく、あくまでも役職として、幕府の官僚組織の中に組み込まれているのである。

翻って、柳沢吉保が生きた時代はどうであろうか。将軍綱吉の意志で左右される、まさに綱吉との人間関係に立脚しているという、「役職」とは違う、実にファジーな立場だったのである。そのため、彼らの政治生命は、将軍綱吉の死去によって終わりを告げることになっていた。いわば、綱吉と運命共同体なのである。その意味をはっきり示し

［表2］宝暦期以降における側用人一覧

	氏名	就任日	退任日	前職	後職
1	大岡忠光	宝暦6（1756）・5・21	宝暦10（1760）・4・26	若年寄	死亡
2	板倉勝清	宝暦10（1760）・4・1	明和4（1767）・7・1	若年寄	西丸老中
3	田沼意次	明和4（1767）・7・1	明和9（1772）・1・15	側衆	老中
4	水野忠友	安永6（1777）・4・21	天明5（1785）・1・29	若年寄	老中
5	松平信明	天明8（1788）・2・2	天明8（1788）・4・4	奏者番	老中
6	本多忠籌	天明8（1788）・5・15	寛政2（1790）・4・16	若年寄	老中格
7	戸田氏教	寛政2（1790）・4・16	寛政2（1790）・11・16	奏者番兼寺社奉行	老中
8	水野忠成（西丸）	文化9（1812）・4・4	文政元（1818）・8・2	若年寄	老中
9	田沼意正（西丸）	文政8（1825）・4・18	天保5（1834）・4・26	若年寄	なし
10	堀親寚	天保12（1841）・7・1	天保15（1844）・6・13	若年寄	老中
11	水野忠寛	安政6（1859）・3・9	文久2（1862）・5・29	奏者番	なし

ているのは、政治の第一線から退く際の田沼意次との大きな違いである。吉保が、新将軍家宣から罪に問われることはなかったのに対し、田沼は、十代将軍家治の死後、十一代家斉から老中の任を解かれただけでなく、蟄居、減封といった処罰を受けている。それは、彼が、側用人時代の職務を継続していたとはいえ、老中であったからである。幕府官僚組織のトップである老中は、将軍が替わろうとも継続していく役職であり、将軍と一心同体ではない。次の将軍は、田沼の行ってきた政策に問題があったと考えた場合、処罰をする必要があったのである（藤田覚『田沼意次』）。

最初の問いに戻ろう。

——「柳沢吉保は、側用人なのかどうか」

答えは、「役職としての側用人」ではなかった、ということになるだろう。その点を明確にするために、本書では、吉保を「将軍側近」と表現したい。

このような吉保の立場を念頭に置くことにより、彼の政治権力の真相を読み解くことができるのである。

第二章　悪の権化像はいかに作られたのか？

悪役イメージの浸透

なぜ私たちは、吉保に悪いイメージを持っているのだろうか。映画やドラマ、小説で、悪役として登場するから……ということになるのだが、ここでは、現代の私たちが目にしている映画やドラマ、小説の大本である、悪役の起源をひも解いてみたい。

その誕生は実に早い。将軍綱吉が死去した宝永六年（一七〇九）から、「柳沢騒動」をテーマとした実録物

（実在の人名を使ってはいるものの、内容は読者の興味を引くように空想を交え脚色した読み物）が続々と登場するのだ。吉保に至っては、正徳四年（一七一四）十一月二日に死去しているので、目にしていたかもしれない。いくつか書名をあげると、宝永六年の『日光邯鄲《にっこうかんたん》の枕《まくら》』、安永四年（一七七五）の『元宝荘子《げんぽうそうし》』、天明（一七八一～一七八九）以前のものといわれる『護国女太平記《ごこくおんなたいへいき》』などがあり、貸本屋の主力商品だったという。中でも『元宝荘子』は、異本との照合をしたり、史実での注記を書き加えたりしているので、あたかも事実を記しているかのように捉えられたとか（中村幸彦「柳沢騒動実録の転化」）。

これらは、もちろん細かい部分や設定に違いがあるが、内容を大筋でいえば、プロローグで紹介したあのエピソードである。「柳沢騒動」の完成形ともいわれる『護国女太平記』からその一部を紹介したい。

綱吉の母桂昌院は、常日頃から、綱吉が偏屈で堅くまじめ過ぎることを心配していた。ある時、桂昌院は、弥太郎（吉保）の配慮で綱吉が学問から遠ざかり歌舞音曲や碁将棋などに興味を示し、和やかになってきたことを喜び、弥太郎に感謝の品を送った。弥太郎は、本庄次郎左衛門（桂昌院の弟）に何とか取り入ろうと、かねてから賄賂を贈っていたので、拝領品の御礼に大奥女中のところに妻のおさめを参上させたいと取り成しを依頼する。本庄は、弥太郎の過分の賄賂に心を惹かれ、贔屓に思っていたので、取り計らってくれることになった。弥太郎は、早速、絹を張った花籠にぜんまい仕掛けをし、色糸でできた造花を、金に糸目をつけず誂え、妻のおさめを華やかに装わせて、大奥に向かわせた。

桂昌院に御目見えを許されたおさめは、年のころは二十歳ほど、容貌は麗しく、物腰は優美でたとえようもない。桂昌院をはじめ、その場にいた多くの女中たちは見惚れるばかりであった。趣向を凝らした献上品は、非常に喜ばれ、これ以来おさめはたびたび出仕するようになる。おもしろい世間話をして笑わせ、琴や三味線のすばらしい腕を披露するおさめは、桂昌院だけでなく御付の女中たちにも好かれ、出仕を心待ちにされるようになった。

奥向がこのように手の内に入ったので、弥太郎は密かにおさめに言った。

「以前から打ち合わせていた通りに、表、奥ともに手中に収めたが、このうえの計略は、女性の色香で将軍の心を乱し、思うように出世することだ。そのためには、そなたの働きが重要なのだ」

——奥向斯《か》くの如く手に入りければ、弥太郎は女房おさめに向ひ密に申しけるは、「予《かね》て中合はせし通り表奥共に大方手に入りしが、此上の謀計は女色を以て君の心を乱し、思ふ儘に出世すべし。猶此上は其方が働肝要なり」

おさめは、夫の言ったことをよく理解していた。大奥に出仕した際桂昌院に、上様があまり女性に興味を示さない現状では御世継が心配では、と水を向け、上様への助言を勧めると、桂昌院はどうしたらよいものか、とおさめに問う。おさめは、これまでは、女性は災いのもとであり、意気地がなく役に立たないと思われてお嫌いになっていたのであり、詩歌を作り、武芸のたしなみのある女性ならば、興味を示されるのでは、と自ら書いた和歌や漢詩を見せた。その内容、手跡の見事さに感心した桂昌院は、それを綱吉に見せたいと、手元に取り置かれた。

おさめは、してやったりと内心喜び、面目をほどこして御殿を下がり、帰宅して、夫に結果を語ったところ、弥太郎は「そうだろう」とほくそ笑んだ。

——おさめは仕済したりと心中に悦び、面目を施し御殿を下り、帰宅して弥太郎に首尾を咄しければ、「然《さ》も有らん」と笑壺《えつぼ》に入り悦びし……

　弥太郎はおさめに、この後の計略を語る。「上様が桂昌院様のところにいらっしゃるのは、来る十五日。その日は、朝早くからそなたも出仕しておいでを待ち、とにかくお声をかけていただけるよう立ち廻れ。もしかすると、御前で詩歌の披露の命があるかもしれないので、準備をしておくように。十一月という時節柄、おそらく雪・霜・木枯のような題になるだろう。よく心得ておきなさい。十のうち九はそなたの詩歌のできで御心を手に入れられるだろう。そうしたら、御気に入りそうな女中を見立てて、私の養女として差し上げ、その縁で富貴をえることは、成功したも同然である」。夫婦は示し合わせ、綱吉を待った。

　綱吉が石部金吉で、跡継ぎができないかもしれない、という将軍の母としての最大の悩み。そんな桂昌院の心のすき間にするりと入り込んでいく、夫唱婦随の吉保夫妻。献上品の花籠を、ひとりでに桂昌院の前まで動くよう、からくり仕立てにするなど、細心の工夫をする吉保。目的は、出世・権力・金だ。

　このようなエピソードは、演劇化されてもいる。例えば、『日光邯鄲枕』は、寛延三年（一七五〇）に『増補日光邯鄲枕』が出た後の明和五年（一七六八）正月には、天満屋久七・並木十助・堺谷善平による『けいせい邯鄲枕』として、大坂三枡座で上演されている。

その作品もさまざまだ。主なものを挙げると、寛政五年（一七九三）の辰岡万作『けいせい楊柳桜《やなぎさくら》』（足利家の大老栄飛騨守＝吉保。将軍足利義教＝綱吉）、文政二年（一八一九）の鶴屋南北『梅柳若葉加賀染《うめやなぎわかばのかがぞめ》』（加賀騒動として脚色。お柳の方＝吉保夫人、多賀大領《たがのたいりょう》＝綱吉、花房一洗＝英一蝶、望月帯刀＝吉保）。

明治に入ると、江戸時代の事件を、実名を用いて上演することが可能になり、明治八年（一八七五）に河竹黙阿弥の『裏表柳団画《うらおもてやなぎのうちわえ》』が生まれる。これは、同年八月に、九代目市川団十郎が柳沢出羽守役を含め四役（出羽屋忠五郎・井伊掃部頭・三間右近）を務め、東京中村座で六十七日間連続上演され、「柳沢騒動もの」の代表作となったという。明治十六年に再演され、同三十九年にかけて数回上演された。

その後、平成十六年（二〇〇四）十一月に国立劇場で、「噂音菊柳澤騒動《かねてきくやなぎさわそうどう》」の名で、約百年ぶりに上演された。この時は、九代目団十郎が務めた四役を、七代目尾上菊五郎が演じ、私も客席で堪能した。

何とも圧巻だったのは、英一蝶の「朝妻船」をモチーフとした「朝妻船遊興の場」（三幕目第一場）だった。

〽あだし仇波　寄せては帰る　柳葵の二道に　あゝ定めなや床の露　幾たび袖に余れる色の　枕はずかし　よしや世の中
〽水の月影　流れ流れて　なびく岸辺の柳蔭
〽名にし近江の八景と　世に聞こえたる琵琶の湖
〽面白き　浮世は夢や邯鄲の　堅き心は石山に　月も隠るる恋の闇

暗転の中で、将軍綱吉と吉保の妻おさめを、吉保が背後から人形遣いのように操る場面で、「柳沢騒動」のストーリーの中での彼らの関係性を象徴的にあらわす、まさに一幅の絵のようであった。

ほかにも、宝暦〜天明期は、江戸では馬場文耕、上方では吉田一保《いっぽう》といった名講談師の活躍で多くの実録が生まれた時期とされていることから、「柳沢騒動」も講談を通して、庶民に広まっていたと考えられる。

明治８（1875）年に上演された「裏表柳団画」。右から柳沢出羽守、遊君浅妻実ハ出羽守妻おさめ、綱吉公（早稲田大学演劇博物館所蔵）

平成16（2004）年11月の「噂音菊柳澤騒動」。三幕目第一場朝妻船遊興の場。前列右＝徳川綱吉、前列左＝おさめ、後列＝柳澤出羽守（国立劇場所蔵）

つまり、実録物、歌舞伎、講談を通じ、綱吉の死後間もなくから、世間一般に広く浸透していった「柳沢騒動」が、現在私たちが目にするテレビドラマや映画の中の吉保像を形成しているのである。

疑惑は江戸時代から

「柳沢騒動」は、このように庶民の人気を集め、現在の吉保像を作り上げたのであるが、そのストーリーが事実と異なると考えていた者は、江戸時代からいた。

先に挙げた実録物の『元宝荘子』は、京都町奉行所与力神沢杜口《かんざわとこう》の随筆『翁草《おきなぐさ》』の中に写されている。神沢は、『元宝荘子』について「始めに、『翁草』の七十七、七十八に『元宝荘子』と題して、綱吉政権期のことを記したが、臆説が混じっていて信じられないことも多い〈始め翁草七十七八の巻に、元宝荘子と題して、憲廟の御事を記すと雖《いえども》、臆説相交て信じ難き事多し〉」として、巻之百二十九から百三十二に、東武野史訊洋子《とうぶやしじんようし》という人物が著した『三王外記《さんのうがいき》』に注釈を付けた『三王外記補註』を著わしている。

この『三王外記』は、実録物ではなく、当時、著名な儒学者の太宰春台が書いたものと考えられていた著作であった。太宰春台だから信用が置けるのか、ということさにあらず。この書も非難囂々である。

寛政五年（一七九三）十二月に大学頭となった幕府の儒学者、林述斎は、十に一つも事実がなく、つくりごとばかり書かれていると述べ、語気荒く次のように続ける。

誹謗に対する刑罰がない世の中に生きていることは、幸運だったというべきである。国家の過ちを隠すということもあるのに、無かったことまで書くという罪はどれほど深いものだろうか。歴史書には書き加えるべきことは加え、削るべきことは削ることが天子の御意であることを知りながら、このようなことをするのは、どのような考えからだろうか。これも学問が正しくないところから起るのだろう。学者といわれるものが、このようなことをするならば、知識のない人に何を教えるのだろう。

——誹謗の刑なき世に生まれ遇《あい》しは、幸と云べし。国悪を諱《い》むと云こともあるに、無きこと迄書おきし罪はいか計《ばかり》なるべし。春秋筆削の聖意をもしりながら、かゝることを為せし心は何《いか》なることにや。夫も学術の正しからぬより社《こそ》起らめ。学者とも呼るゝ者、かゝることを為しなば、一丁を知らぬ輩に、何を以て教を施べき（『甲子夜話』巻十九）。

著者とされる太宰春台の学者としての在り方にまで、批判の矛先を向けている。述斎だけではない。寛政期にその学識の豊かさから「柳班の三賢侯（柳班とは、一般の外様大名が江戸城を訪れた際、控えの間だった柳之間のこと）」の一人とうたわれた鳥取藩の支藩である若桜《わかさ》藩主池田定常も、「蹟なき譫言」だとし、漢文で書かれている上に、太宰春台という有名な儒学者の手によるものなので、『護国女太平記』のような実録物よりも一層罪が重いと考えていた。

定常は、林述斎に対して進言する。

「このような書物は流布させないようにすべきです」

対して述斎は、

「秘するものはより見たくなるのが人情というものです。このような妄説を禁止すれば、『それこそ実説の証拠だ。だから幕府が秘密にするのだ』といわれてしまいます」と述べた。

定常は、少しでも公の事を書いたものを読めば、すぐに偽りであることが明白になるので、述斎の見識には「まことに感じ入りたり」と納得している（「思ひ出草」続編巻二）。

しかし、定常の懸念は無理もないところがあった。明和八年（一七七一）八月に京都の本屋仲間が内部で作成、配布した『禁書目録』に、初期の実録物『日光邯鄲枕』が挙がっているのだ。当時、江戸の出版界に圧され気味だった京都の本屋が、巻き返しのための一つの策として、業界の混乱や権力の介入を避けるためにこの目録を作成したといわれている。そのうち、写本と刊本については、享保七年（一七二二）に出された五箇条にわたる出版統制令に従って禁書とされているという（今田洋三『江戸の禁書』）。『日光邯鄲枕』は、写本であり、統制令の第五条の「徳川家康をはじめとする将軍家のことがでてくる本」に特に抵触したのだと考えられる。内容を読んで、憤慨した定常が、吉宗政権期に類似の本が禁書とされたという前例から、『三王外記』も当然取り締まるべき、と考えたのかもしれない。

ほかにも、述斎は、『護国女太平記』について、「影も形も無きこと」を作って書いたものだとする。これは、赤穂事件の時に、隠密として幕府から赤穂の地に派遣された小人目付が、仔細があって改易されたため、それを恨みに思って書いたのだという。当初は、だれもこのストーリーを信じる者は居なかったのに、時を経て、本当の事だと思う人も出て来てしまい、とうとう世の中を挙げて様々な信じがたい妄説を伝えるにいたったのは残念なことであり、その様になったのも、世間に物を見る目のある人が少ないからだ、と嘆く。それに対して、吉保の側室正親町《おおぎまち》町子の『松蔭日記』は、真実のことを書き記しているといい、綱吉政権期のことをよく言わない新井白石の『折たく柴の記』にも、『護国女太平記』にあるような妄説は書かれていない、と述べる（『甲子夜話』巻十九）。

ここで出てきた白石は、プロローグで書いたような、現政権（家宣政権）を肯定するため、前政権（綱吉政権）批判を展開することをまさに行っていた。『護国女太平記』にある説が本当ならば、書かずにはいられなかったはずである。それが記されていないのだ。

そんな述斎は、徳川幕府の正史『徳川実紀』の監修を務めている。その中で、吉保はどのように描かれているのだろうか。一節を紹介したい（「常憲院殿御実紀　附録下」）。

　柳沢吉保が、多大な寵愛を受けていたので、世間では色々取り沙汰するが、いつのことだっただろうか。将軍綱吉が、何事についても厳しすぎることを心配して、吉保が「現在の諸大名や御家人は、すべて権現様（徳川家康）の頃より代々譲り受けてきている者たちなのですから、軽々しく扇子や鼻紙のようにお思いになってはなりません。彼らが、もし法を犯すようなことがあったら、どれほどのものであってもその罪をただすことは言うまでもありません。しかし法を用いるには、少しの思いやりや情け深さをもって行えば、みなその法を恐れ、その恩を恐れ多く思います」とご機嫌の良い時を見計らい、何度も申し上げた。その後は、すこし穏やかになられて、罰を受ける者もまれになったという。吉保は、才覚のすぐれた人物で、綱吉の学問の一番弟子であり、正月十一日の御講演始の際には、講義を行っている。よく綱吉の考えをおしはかり、何事も心のままに処したため、次第に重用されるようになったのである。

——この人かく寵恩のすぎしかば。世にはさまぐ〵の事いふめれど。いつの比《ころ》にや。当代何事も厳峻に過させ給ふをうれへて。吉保。凡そ当時の諸大名。諸家人は。みな神祖の御時より。代々に譲り受させ給ひし者共なれば。あながちに扇子鼻紙などのごとく。かるがるしくおぼし給ふべきにあらず。彼等もし法に違ひしことあらば。何程も其罪を糺されんは申までもなし。さりながら法を用ひ給ふには。少しく仁慈の意を兼て行はせ給はゞ。いづれもその法を恐れ。其恩をかしこみ奉るべきと。御けしき宜しき折をうかゞひて。あまたゝびきこえあげしかば。其後はやゝ御寛恕ありて。罪蒙るものまれに成しとか。吉保とかく才幹のすぐれしかば。御学問の御弟子第一にて。正月十一日御講筵始《ごこうえんはじめ》に進講せしめられ。よく思召をはかり。何事も御心ゆくばかりはからひし故。次第に御寵任ありしものなるべし（日記、保山行賞）。

ここには、綱吉の意向を常に推し量り、そのためを思えば諫言もする、忠実な側近としての吉保の姿が描かれ、だからこそ綱吉から多大な寵愛を受けているのだと述べられている。

「永慶寺殿源公御実録」について

この吉保像の根拠となっているのはどのような史料なのだろうか。原文の末尾には、その出典として、「日記、保山行賞」と書かれている（ちなみに別の部分では、述斎の言葉通り「松蔭日記」からの引用もある）。「日記」は、徳川幕府の日記のことである。

ここでは、「保山行賞」に注目してみたい。『徳川実紀』の別の箇所では、「保山行實」とも書かれている。これは、「柳保山行實《りゅうほざんぎょうじつ》」（国立公文書館内閣文庫所蔵）のことだと考えられる。内容は、柳沢家家老藪田《やぶた》重守《しげもり》が執筆、編纂した「永慶寺《えいけいじ》殿《どの》源公《げんこう》御《ご》実録《じつろく》」春・夏・秋・冬の春・夏部分である（これ以降は、「源公実録」と略記する）。「永慶寺」とは、吉保の号「保山元養永慶寺」であり、吉保が開基であり最初に葬られた、甲斐国山梨郡にある寺名である。藪田は、その執筆のきっかけを次のように記している。

> 永慶寺様（吉保）の御忠信、御仁心、普段の様子など、この時期に至っては、存じ上げている顔ぶれもなくなり、申し伝えることも今後絶えてしまうのではないかと、嘆かわしく思っていました。殊に若殿様が、永慶寺様をお慕いあそばされている様子も、およそ承知しております。

つまり、吉保の行跡を後世に伝えるために作成されたもので、元文五年（一七四〇）に完成している。藪田は、寛保元年（一七四一）三月十三日に、御用人大井衛守が江戸表に出立する際にこの書物を託し、当時、江戸詰勤務だった藪田の息子里守へ遣わした。

そして四月二日に、里守より「若殿様」つまり吉保の嫡孫信鴻《のぶとき》へ献上された。信鴻は、数々の俳句を詠み、隠居後六義園に住み、「宴遊日記」「松鶴日記」を書くことになる、文芸に造詣の深い人物であった。

ほかにも、「永慶寺様御意ヶ条之内　書抜」という史料が柳沢文庫（奈良県大和郡山市）にある。内容の多くは「源公実録」に一致しており、表紙には次のように書かれている。

この帳面一冊は、藪田重守が、昨年私に渡したものである。同列の者たちへもついでがあれば、一覧されたし。皆の心得にもなるのではないか。写してからこのまま留め置くこと。

——此帳面一冊、同性白鷗、去年私へ渡し置き申し候、同列中へも序で御座候て、一覧に及び申し候、各様御心得にも罷り成るべき哉、写しこれを進《まい》らせ申し候間、此儘御留め置き成さるべく候、

加えて、本文の末尾には、享保十九年（一七三四）十二月に「同白鷗」から「藪田市正」に宛てたとある。「白鷗」は藪田重守、「市正」は重守の息子里守のことである。藪

田重守は、「源公実録」執筆の過程で、それを書き抜いた教訓書のようなものを作成し、それが里守の同僚たちにも回覧されることを意図していたのである。写しを奨励していることから見て、家臣たちの目に触れる機会も増えただろう。吉保の事績を後世に伝え、家臣の心得としたい、という意気込みが伝わってくる。

また、大和郡山市教育委員会には、「ここまで御実録に入れる〈是迄御実録入〉」「この箇条も御実録に入れる〈此ケ条茂御実録入〉」「ここより末尾まで残らず御実録に入れる〈是ヨリ末不残御実録入〉」という付箋のある、藪田がこの書を編纂した際の原稿と考えられる史料（「永慶寺様御意並覚書次第不同」「覚書」など）も各種残されており、重守の執筆の過程を垣間見ることができ、興味深い。執筆のきっかけから考えると、信鴻や後世に伝わるべきものを、セレクトする作業だったのだろう。なお、第四章冒頭にでてくる刀のエピソードは、「永慶寺様御意並覚書次第不同」にあるが、「源公実録」には収載されていない。

この「源公実録」を、「柳沢騒動」の検証に用いたのは、林述斎だけではない。明治時代には、その否を明らかにした大著が完成する。秋月藩出身の坂田《さかた》諸遠《もろとお》による、「甲《か》斐少将《いしょうしょう》吉保朝臣《よしやすあ》実紀《そんじつき》」本編八十一巻附録十一巻である。坂田は、弘化三年（一八四六）

に、『寛政重修諸家譜』の「柳沢系譜」が、世上に広まっている吉保のイメージとあまりにも隔たっていることに気付き、述斎が用いた『松蔭日記』「幕府日記」「源公実録」だけでなく、柳沢家で秘本であった公用日記「楽只堂年録《らくしどうねんろく》」の閲覧を許されるなど、多種多彩な史料を駆使し、五十年余りを費やし、明治三十年（一八九七）に完成をみた。

しかし、世間の悪の権化としての吉保像が変わることはなかった。「甲斐少将吉保朝臣実紀」は大著で、かつ刊行されることがなかったことも原因の一つであろう。大正元年（一九一二）に、吉保へ皇室より従三位が贈られた際には、「かくの如き奸物に御贈位を奏請した当局が怪しからぬ」と憤慨した人が少なくなかった、というエピソードが伝えられており、根強い吉保の悪役イメージを示している（栗田元次「柳沢吉保論」）。

大正十二年（一九二三）には、悪役柳沢像を定着させたともいわれる徳富蘇峰が、『近世日本国民史　元禄時代政治篇』を著している。原文のまま、一部を紹介したい。

彼を称する者は、彼を評して沈深寡黙、喜怒色に形《あら》われず、毫も便辟柔佞《べんぺきじゅうねい》の態なかったというが、その外形はいずれにしても、彼は迎合学の大博士であった。彼の一生は、将軍綱吉に迎合するをもって始終した。彼は迎合したるがゆえに、立身したるか。立身せんがために、迎合したるか。そはいずれともあれ、彼は善悪共によく綱吉の意を迎合した。綱吉が学問狂でありたれば、彼は綱吉の学問の門人となった。綱吉が申楽《さるがく》を好めば、彼は申楽もて綱吉を娯《たの》しましめた。綱吉が四書の講釈を好めば、彼もまたこれを謹聴し、併せて自ら講釈した。綱吉が儒書の討論を好めば、彼もまた多くの儒臣を出して、これに参加せしめた。彼は綱吉の善き方面も悪しき方面も、痒《かゆ》きところに手の届くごとく、一から十までことごとくこれを奉戴・奨順した。されば彼の眼中には、迎合の道具として、取入りの方便として、一代の文宗《ぶんそう》物《ぶつ》徂徠も、一代の奇士細井広沢も、はた申楽師の美少年も、上方の美人も、恐らくは撰むところはなかったであろう。

彼はどこまでが本性であり、どこまでが修飾であったか、これを区別し難いが、いずれにしても彼自身において、綱吉を縮図したるごとき生活をなした。すなわち吉保もまた学芸を愛好し、享楽に耽溺した（第四章　正俊死後、綱吉周囲の三人者）。

柳澤吉保については、すでに一通り語った。しかもさらに語るべき必要がある。何となれば、彼はほとんど徳川氏時代を通じて、最も女性を利用したる一人であるからだ。利用とは、彼が政治上における、野心を達するためのことだ。彼が政治上における野心とは、彼の一身一家の利達・栄寵にほかならぬ。彼は決して綱吉の悪政発起者ではなかった。元禄の悪政は、ことごとく皆彼の発意に為ったというは、誣《ふ》にあらざれば妄だ。しかし彼はつねに迎合者であり、おおむね詭随《きずい》者であり、迎合・詭随の余り、時としては悪政の奨励者・徹底者となった。

柳澤にしてもし大なる経綸あらば、彼は綱吉をして、これを聴かしむべき資格は、十二分に具備していた。しかし彼は天下を料理する、大政治家的の経綸もなければ、高尚なる名誉心もなかった。彼はただ深く深く綱吉に喰い入りて、その一身一家の栄進を希《こいねが》うの他に、余念なかった。而《しこう》して彼は実によく、これを達し得た。

世の諺には、棒ほど願うて針ほど叶うというが、柳澤は針ほどを願うて棒ほど叶うた。彼の企画は著々的中した。而して的中するごとに、その位地を進捗せしめた

（第十五章　柳澤吉保と女性）。

キーワードは、「迎合」。「迎合学の大博士」という言い方は、おもしろい。

ただ意外なことに、蘇峰は、「楽只堂年録」『松蔭日記』「幕府日記」をはじめ「源公

実録」を分析の対象としているばかりか、「甲斐少将吉保朝臣実紀」も参考としているのだ。

しかし蘇峰は、多種多様な史料から元禄時代像、綱吉像、吉保像を描くことに主眼を置き、野史や小説の類を排除しなかったため、江戸時代後期の時点から信憑性があるとされている「源公実録」をはじめとする史料を分析対象に入れていたのにもかかわらず、彼の描く吉保像が、その悪の権化像から大きく逸脱することは、なかったと考えられる。

そして当然ながら、いかなる研究成果が出ていたにせよ、一般的には、小説や芝居の影響力の方が強いわけであり、現在に至るまで、吉保の悪役イメージが消えることはなかったのである。

それでは、今も昔も政治家の代表的スキャンダルとなる、イロとカネのエピソードから、悪の権化像の真相にせまってみたい。

吉里将軍御落胤説の真偽

吉保の子吉里は、先代将軍の実子らしい。謀反の下心など、いろいろな噂がある。

——美濃守子伊勢守は、先君の御実子と云々。謀叛の下心など、いろ〳〵雑説あり。

これは、尾張藩士朝日重章が記した日記『鸚鵡《おうむ》籠中記《ろうちゅうき》』の記事の一節である。ちなみにこれは、神坂次郎『元禄御畳奉行の日記』(中央公論社、一九八四年)のもとなった史料である。日付は、宝永六年(一七〇九)三月五日。つまり、同年一月十日に綱吉が死去しているわけだから、その直後に、巷には、柳沢騒動のエピソードそのままの噂が流れていたのである。

この背景には、将軍綱吉の度重なる吉保邸訪問があった。

[表3]は、綱吉が将軍職に在職中に武家の屋敷に御成になった回数をまとめたものである。この訪問は、御忍びでふらりとやってくる、という性質のものではない。例えば、元禄七年(一六九四)には老中の大久保忠朝・阿部正武・戸田忠昌・土屋政直邸に御成があったが、大久保・阿部・戸田には、事前にその準備のため、宅地の追加、土屋はほかの武家屋敷との宅地の交換、および四人とも綱吉から一万両が貸し出されている。また、元禄十五年(一七〇二)の加賀藩主前田綱紀の場合は、邸内に御成御殿を建設している。幕府や大名家双方に多大な出費を伴う、大規模なものであったことがわかる。

［表3］将軍綱吉の武家御成先と回数（佐藤豊三「将軍家『御成』について（八）」「金鯱叢書」第十一輯所収）より

	牧野 成貞	柳沢 保明（吉保）	本庄 宗資	大久保忠朝	阿部 正武	戸田 忠昌	土屋 政直	松平 輝貞	紀伊 光貞	甲府 綱豊	尾張 綱誠	水戸 綱條	紀伊 綱教	前田 綱紀	本庄 資俊	松平 忠周	黒田 直邦	三間 政房	藤沢 次政	桂昌院	計
貞享 5（元禄 1）	4																				4
元禄 2	5																			1	6
3	7																				7
4	5	5																			10
5	4	4	1																		9
6	1	4	2																		7
7	1	3	1	1	1	1	1														9
8	1	4	2	1	1	1	1	1													12
9		3	2					2													7
10		6	2					2	1	1							2	1			15
11		2	1					1			1								1		6
12		4						2													6
13		2						2				1									5
14		5						4					1				2		1		13
15		4						3						1	1						9
16	1	2						2													5
宝永 1																					0
2		4						3		1											8
3		3						1													4
4		1						1													2
5		2						1								1					4
計	29	58	11	2	2	2	2	25	1	2	1	1	1	1	1	1	4	1	2	1	148

（注）松平忠周＝忠易、黒田直邦＝直重

特に、牧野成貞・柳沢吉保・松平輝貞という三人の将軍側近の屋敷を頻繁に訪れている。その中でも目を引くのが、吉保邸への五十八回に及ぶ訪問だ。

その内情は、例の『護国女太平記』だと次のような話になってしまう。

出羽守（吉保）は、綱吉を奥殿へ招き入れ、座へお着きになるのを待って、手を打ち鳴らした。すると「アーイー」との返事で、禿《かぶろ》の格好をした腰元が一人、煙草盆を持ち、もう一人も同じ様に、飾り付けた熨《の》斗《し》台を持って出て来た。続いて銚子盃を持ち出せば、出羽守は声高に、「花車《かしゃ》々々」と呼び立てたところ、「アイ」と答えて遊女の大町忘八屋《おおまちくつわや》の女房の姿で立ち出てくる。この時出羽守が、「太夫を出せ、御客様御待ち兼ね、早くせよ」と言うので、大町は心得て庭の切戸を引き開けると、出羽守の奥方おさめが、唐織の打ち掛けかいどり棲《つま》で、八文字を踏み出す。下男の格好で柳沢家の家老曾根権太夫が、日傘を差し掛ける後に玉萩、清浦、新造花車となった女中たちの姿がある。いずれも神女も恥じるほどの様子で、羅綾《らりょう》の袂は美を尽くし、天つ少女《おとめ》もこうではないかと疑うほどである。おさめはやがて座敷へ上がり、客の方に背をむけて座った。出羽守は「御覧の通り、趣向致しましたのは新吉原の太夫、その昔、伊達陸奥守が請け出したる高尾でございます。御殿では、ただの絵空事と御覧になるでしょうから、憚りをも顧みず揚屋の様子を写し、愚妻を太夫として御覧に入れ奉ります。勤めとは申しながら、格段の意気地が有って、どれほどの大尽や高家と雖も心のままに成らず、客を振ることが普通でございます。そのある様子にて、次の間へ外した。あとは手だれの遊女たちが皆で座を取り持ち、綱吉の様を御慰みに御覧に入れます」といい、柳沢は大尽の体で、ふられてすごすご帰りを客として、大変面白くもてなした。さすがの綱吉も、ただ夢のようで、ここまで珍しい御遊興は初めてといい、その上おさめの愛嬌は並ぶ者が無いほどで、色を飾る遊女の接待にふと迷ってしまった。その御心を見て取り、四人の女たちは目配せして次の間へ外したので、おさめはここぞと御手を取り、終に巫山《ふざん》の夢を結ぶにいたった。

吉保邸で、吉原の様子が再現され、花形の太夫は、吉保夫人。太夫に振られる役を吉保自らが演じ、美しさに迷った綱吉が、吉保夫人の手を取って……。

実際はどうなのか。

綱吉の御成に同席していた吉保側室の一人正親町町子の『松蔭日記』元禄四年(一六九二)三月二十二日の記事をみると、綱吉への拝礼の儀式のあと、吉保の家族との対面に続き、綱吉の「大学」の講義、能は家臣に相手をつとめさせて「難波」「橋弁慶」「羽衣」「是界」「乱れ」などを自ら舞った。その後、食事を取ったといい、多くの下賜品、献上品のやりとりがあったとのこと。また、老中や牧野成貞も吉保邸を訪れている。

しかし、密室で何が行われていたかなどまでは、書かれることは考えにくく、秘め事がたとえあったとしても、そのような記事が書き残されるはずもない。ましてや、権力者の御落胤など、芝居や小説などの「よくある話」だ。

ところが、この吉里の御落胤説をバッサリ切って捨てずに、分析を進めたのが、明治生まれの江戸時代考証家で、「江戸学の祖」と言われた三田村鳶魚《えんぎょ》であり（三田村鳶魚「正直な柳沢吉保」）、近年、再評価が図られている（山本博文「側用人をめぐる言説」）。

鳶魚は、吉保の側室の染子は、綱吉から与えられた女性であり、しかもその際にすでに懐妊しており、生まれた子供が吉里だという。そして、吉里が誕生した貞享四年（一六八七）の翌年の元禄元年十一月十二日に、吉保は大名となり、破格の出世が始まったとする。加えて、染子がその後も懐妊する年には、綱吉の吉保邸への御成があるため、綱吉の子供ができても不思議ではないと述べる。

根拠はこれだけではない。吉保は、染子を、別館を建てて住まわせ、江戸城に登城する際には、出掛ける前に礼服で御機嫌を伺い、没後に建てた竜興寺の愚丘庵の霊屋には、「施主甲斐少将吉保」と刻むというように、臣下の礼を取っている。また綱吉は、染子が大病となった際、側近の松平輝貞を使者として病を問わせ、死去した際にも松前直広を使者として弔問し、埋葬の際には、香典を遣わすなど、臣下の側室に対してとは考えにくいほどの配慮を示している。そればかりか、百日忌には、染子の遺品を吉保に所望し、献上させるといった、特別な関係をうかがわせるエピソードが多い。

しかし、御落胤との確証はない。

鳶魚は、染子が飯塚杢太夫の娘だといわれているのが「甚だ不安」であるとし、大谷《おおや》木醇堂《ぎじゅんどう》の『醇堂漫抄』の記述から、六代将軍家宣の正室（天英院）に随行して江戸に下った公家の娘であれば、吉里が御落胤であることが証明できるという。つまり、正室に随行してきた京都の公家の娘は、大奥では上臈年寄か、小上臈（上臈年寄の見習）という役職となる。彼らは、生涯結婚することなく、役を変わることなく、正室に仕える立場であるため、将軍の側室になることはできなかった。よって、将軍が懐妊させてしまった場合には、自らが法度を破るわけにもいかず、臣下に面倒を見させるしかなかったと考えることができる。

そうであれば、吉保は、主君の御手つきの女性とその子供を大切に保護した忠実な家臣であり、綱吉は、吉保の労に報い、吉里はわが子であるからこそ、柳沢家を厚遇したということになる。

実は醇堂は、『醇堂漫抄』の中で、「『松蔭日記』の筆者である染子が吉里を産んだ」という事実誤認をしている（実際の筆者は正親町町子、吉里の生母は染子。町子も男児を二人産んでいることから取り違えたのだろう〉。

それ以外にも、気になる点が残されている。果たして、綱吉が、自らの正室鷹司信子の上臈年寄や小上臈ならともかく、家宣の正室の奥女中との接点を持つことがあったのだろうか。

「源公実録」にも、元禄十四年（一七〇一）三月二十二日の、綱吉の吉保邸御成の際に、「吉里を婿にしなかったのは一生の分別違いであった〈伊勢守を御聟に遊ばされず、御一生の御分別違ひ〉」と綱吉の上意があった、というエピソードが記されており、綱吉と吉里の関係が相当深いことが推測できる。素直に読めば「婿」つまり「紀伊藩主徳川綱教に嫁いだ鶴姫をめあわせればよかった」ということであり、万が一吉里が実子であったならば、この発言は解せない。それとも、いくらなんでも「実子だ」とは口に出せないので、「鶴姫の婿＝次期将軍候補」というつもりで「後継者にしたかった」と暗に表現した発言だったのか。

しかし、鳶魚がそれでもこの説を重視するのは、醇堂の家からは、「しばしば奥向き役人が出ており、代々大奥の言い伝えを保持」しているからだという。

一見荒唐無稽にもみえる御落胤説も、鳶魚の指摘に注目してみると、意外にもリアリティがあり、いろいろなエピソードが一本の筋を通して理解できるのである。

「将軍様のお墨付き」の真実

柳沢吉保は、五〇万石の御墨付きを、先代将軍綱吉から拝領していたのを、この度、（新将軍家宣が）老中の小笠原長重を使者として、お取り上げになったらしい。

——松平美濃守、五十万石之御墨付、常憲院様より拝領いたし置候を、今度、小笠原佐渡守御使にて御取上げ成られと云々。

こちらも、『鸚鵡籠中記』の宝永六年（一七〇九）三月五日条の記事である。

このエピソードは、先の将軍御落胤説とも関連しており、吉里が将軍の実子だから、五〇万石（一〇〇万石とも）の御墨付きが、吉保に与えられており、それを新政権が取り上げた、ということだろう。明治二十五年（一八九二）に出版された永島今四郎・太田贇雄《よしお》『千代田城大奥』には、中﨟が将軍と就寝する際に、添い寝の女中を配する理由として、吉保が密通していた女を将軍の側に奉り、寝物語に一〇〇万石の御墨付きを頂こうとしたからだ、と述べられている。

しかし実際の、新しい政権になってからの柳沢家の石高をめぐる話は、以下のようなものだった。

宝永七年（一七一〇）十二月、吉保は、老中と新将軍家宣の側近間部詮房に、高上げ願（加増願）の書付を、綱吉から与えられた朱印状を添えて送った。それには、以下のような背景があった。

吉保は、元禄元年（一六八八）十一月十二日に一万石の加増を受け、一万二〇三〇石の大名になって以降、加増を重ね、宝永元年（一七〇四）十二月二十一日には、三万九〇〇〇石の加増があり、一五万石余りを駿河国、甲斐国の両国に与えられたのである。宝永二年（一七〇五）三月十二日には、駿河国の領地を甲斐国に移され、山梨・八代・巨摩の三郡を領することになった。しかし、この領地の内高（実質の石高）は、駿河国、甲斐国の両国に与えられていた時より増えており、二二万石余であった。

しかし、朱印状発給の際には、加増されて間もなかったので、具体的な石高ではなく「三郡一円」とのみ記し、適切な時に国高のとおりにする、という綱吉の意向だった。しかし、その後、綱吉は、朱印状の書き換えを待たずに亡くなってしまった。そこで、

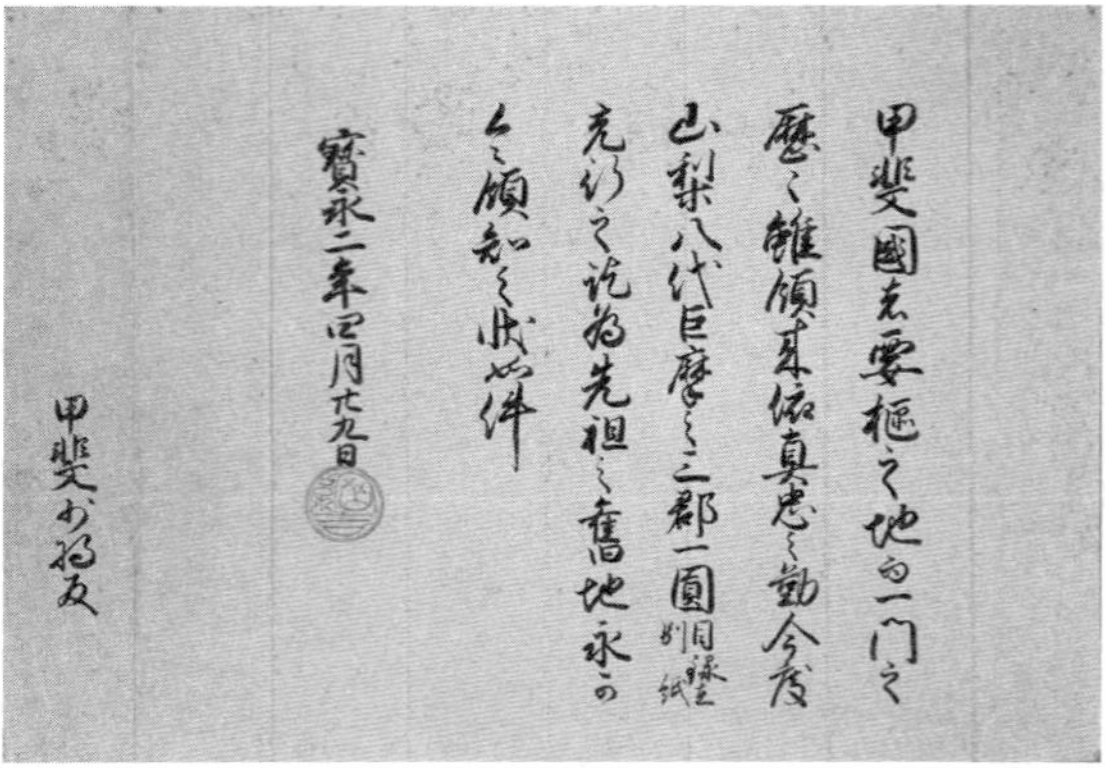
甲斐国者要枢之地而一門之
歴々雖領来依真忠之勤今度
山梨八代巨摩之三郡一圓（目録在別紙）
充行之訖為先祖之旧地永々可
令領知之状如件
寶永二年四月廿九日
甲斐少将殿

徳川綱吉領知宛行朱印状（財団法人郡山城史跡・柳沢文庫保存会所蔵）

将軍代替わりの朱印状が出される前に、柳沢家は、新将軍の家宣に、高上げ願を申し出たのである。

なぜ、このような手続きが必要なのだろうか。現時点では、「三郡一円」の二二万石余を与えられているという事実があるので問題があるようには思えないが、幕府の公式な書類に、実質の石高を明記しておくことは、後々のために不可欠であった。つまり、現状では、一五万石余りの領地が与えられており、それが「三郡一円」ということになっているのである。朱印状に二二万石余りと具体的な数字が書かれていなければ、今後柳沢家が所替えになった際、幕府は以前の書面にある一五万石余りの領地を与えることとなり、二二万石余りは、甲府に居る間のみということになってしまうのだ。

この状況下で、柳沢家が頼りにしたのは、老中の大久保忠増である。両者は、忠増の嫡子忠英《ただふさ》の正室が吉保の養女幾子という姻戚関係にあった。大久保は柳沢家家老の藪田重守に対して、次のように語っている。

高上げ願のことは、ごもっともなことと存じます。それについて、先日御用部屋（老中の執務室）でほかの老中にも話しました。すると、阿部豊後守殿（正喬）が「理由が無く作法に反する」とおっしゃるので、私は、「『三郡一円之国高』とあるのだから支障はないと思われます」と申しました。すると土屋相模守殿（政直）が「所替えの時に問題が生ずる」と懸念を示されましたので、私は、「朱印状の文言に書いてあるのですから、甲斐守殿（吉里）が御咎めを受けた際には国替えを仰せ付けられるでしょう。これが御朱印の写しです」と申して、右筆衆に持ってこさせて読ませました。「この通りの文言です」と申しましたところ、土屋殿をはじめとして、何もおっしゃることができなくなりました。この上で何としても高上げを実現させたく思っています。

――御高上げ御願の段、御尤千万存じ候、夫に付き此間御用部屋にて此儀申し出し候へは、阿部豊後殿［正喬公］何のわけも存ぜられず、それは御作法に障り申すべき由申され候に付き、自分申し候は、三郡一円の国高に仰せ出され候へは、何の外に障りこれ無き事に候由申し候へは、土屋相模殿［政直公］所替の節障り申すべき由申され候に付き、自分申し候は、御朱印の御文言に候へは、甲斐守よつくの御咎御座候はば、国替え仰せ付けらるべく候、それ御朱印写し、と申し候て御祐筆衆に取よせよませ、あの通り成る御文言にて候由申し候へは、相模殿初め、有無の一言もこれ無く候、此上何とぞ相調へ申す様に致し度き事（「源公実録」）、

大久保の発言は、柳沢家にとって頼もしい限りだったが、結局、他の老中を説得することはできなかった。

正徳元年（一七一一）正月九日、吉保は江戸城に登城し、間部詮房と対面した。その際の会談によると、吉保は宝永六年の時点で、新将軍家宣に高上げを願い出ており、家宣も認めるよう老中に二度までも申し入れたが、「非常に作法に反する〈殊の外御作法に障り申すべし〉」と同意を得られなかったという。これは、先に見た阿部正喬の発言そのままである。

間部は、再度、老中に申し入れて同じ返事であれば、これ以上はどうすることもでき

ないので、次は吉里から願書を出すよう、アドバイスをしている。

それを受けて、吉保は間部に次のように述べている。

甲斐国の石高を隠すのは、日本の国高分限帳にある石高を減らすことになります。そのようなことをすれば、上様の御為にもならないのではないかと思います。私は、隠居しておりましても、上様の御為にならないようなことを願い出るようなことは、ゆめゆめ致しません。

——甲斐国高隠し候へは、日本国国高分限帳高減り申し候、左候へは、御為にも如何と存じ候、拙者儀隠居仕り候ても、御為悪敷き儀御作法に障り候儀を願ひ申すべく所存努々これ無く候（「源公実録」）。

自分の主張は独りよがりなものではなく、将軍のためにもなるのだ、という言い方で、巧妙に、忠誠心を示すような理論で、強く申し入れている。

吉保は、間部の助言に従い、参勤交代で出府した吉里から、同年四月十三日付で老中に願書を提出させた。

そして、正徳二年（一七一二）四月十一日付の六代将軍家宣の朱印状には、次のように記されていた。

甲斐国領山梨・八代・巨摩之三郡之地、都合拾五万千弐百八拾八石余事、

柳沢家の主張が、認められることはなかったのだ。
そればかりか、後世こんなことまで言われるはめになった（「兼山秘策」第五冊）。

甲斐守（吉里）などは、もともと罪がある家なのだから、一万石くらいにして、余ったところは召し上げて、償いとさせることが、結局は人情に叶い、道理の筋も立つので……

――甲州抔《など》は元来其罪これ有る家に候へば、一万石計りに成され候て、その余りは御知行召し上げられ、か様の御償いに成され方、結句人情にかなひ、道理の筋もこれ有るべきは、……

加賀藩儒者青地兼山より、幕府の儒者室鳩巣《むろきゅうそう》へあてた、享保七年（一七二二）六月二十八日付の書状である。吉宗政権期の財政逼迫の原因は、綱吉時代の無駄遣いのせいだ。その原因を作ったのは柳沢家なのだから、一万石にしてしまえば、みなが納得するのに……。綱吉政権の失政の責任を柳沢家に容赦なく負わせている。

「悪の権化像」は、こんなところにも顔を出している。

第三章　「莫大な権勢」の真実

頼りにされる吉保

これまで見てきたように、江戸時代の実録物、歌舞伎、講談などにより作られたイメージから、一般には、柳沢吉保が、莫大な権勢を持っていたように考えられてきた。それは真実なのだろうか。

実は、江戸時代の庶民も私たちと同様に、吉保が大きな権力を握っていると考えていたようだ。次のようなエピソードが伝わっている。

永慶寺様（吉保）が、登城・退出の時、たびたび百姓や町人が訴状を差し出し、また、屋敷へもやってきた。その際、目付が対応して詳しく事情を聞き、町人は町奉行、百姓は勘定奉行に内々に話を通して、訴訟人が苦労せず、かつ代官が過失にならないで事がすむことが多くあった（「源公実録」）。

吉保には、町奉行や勘定奉行に話を通し、訴訟を円滑に進めてくれる能力があると、百姓・町人が理解していたことが読み取れる。

吉保を頼りにしていたのは、庶民ばかりではない。

時の熊本藩主細川綱利は、元禄十五年（一七〇二）九月三日に、吉保の家老藪田重守に宛てた書状の中で、次のように記している（柳沢文庫所蔵藪田家文書。「源公実録」にも写しあり）。

千次郎（綱利二男）のことについてですが、昨日、稲葉丹後守殿（老中・稲葉正往）のところへ連れて行き、御目に掛かりました。ここのところ、段々物事がうまく進んでおります。節句の前は、お出かけになることも多く、かつ日もありませんので、節句を過ぎてから御目見の願を申し上げるべきだと考えております。それとも、早く願い出た方がよいでしょうか。このことについて、よろしく申し入れて下さいますように。

綱利の長男与一郎は、二年前の元禄十三年（一七〇〇）七月二十一日に亡くなっていたため、この頃は二男の千次郎が、細川家の後継者であった。まずは九月二日に、内々で老中の稲葉正往に面会できたことを報告している。「節句」つまり九月九日の重陽の節句の前は、綱吉が多忙なので、千次郎の綱吉への対面願をいつ提出したらよいか、吉保の指南を、藪田を通して求めているのである。その後の動きは、藪田宛の綱利からの書状や、「細川家記」から見ることができる。

九月七日　藪田に、千次郎の改名候補を示し、吉保に御目に掛けるよう依頼。
十日　藪田に、十一日の御目見願提出の段取りを連絡。
十一日　御目見願を西丸留守居藤懸永次と普請奉行甲斐正永を通して、吉保と月番老中の秋元喬知に提出。
十五日　綱吉へ初御目見。「内記」と名乗りを改める（「細川家記」）。

これらの動きから、綱利は、千次郎の御目見願を、藪田を窓口とし、吉保にすべての指示を受けながら行なっていることがわかる。加えて注目すべきは、藩主の綱利が、柳沢家の家老という自分より格下の立場である藪田に書状を送っている点だ。実は、表向きの重要な事柄については、大名自身が吉保に書状を出すものの、そのほかのことについては、藪田宛に出している。しかも、右筆に任せず、自筆で送る例がいくつも確認できる（「源公実録」）。相手方の家老に対して自筆の書状を送る藩主。この異例の行動は、吉保の政治力を諸大名が高く評価していたからこそといえるだろう。

ほかの事例として、官位昇進や家格再興運動の中で、大名側が吉保の指南を仰いでいた実態がみられる。

例えば、元禄期の、大和郡山藩主本多忠平の場合を挙げよう（「源公実録」）。吉保が忠平に対して、従四位下叙任の願書の提出を勧めたのだ。

この願書提出は異例であった。忠平の父忠義は、従四位下より下の官位である従五位下止まりなのである。それなのに、なぜ忠平には父以上の官位の願い出を勧めたのだろうか。理由は、父忠義の母は岡崎信康の娘、つまり忠義が家康の曾孫に当たるという、忠平の家筋にあった。綱吉は、常に諸大名や旗本の序列を見て、歴々の家柄にも拘わらず零落している者を世に出したとのエピソードが伝わっている将軍であった（「明良帯《めいりょうたい》録《ろく》」）。この時もそうだったのだろう。綱吉は、家康の血筋である本多家の格を高く定めようとし、吉保がその意向を受けて、この様に動いたのだろう。結果として忠平は、元禄六年（一六九三）十二月十八日に、従四位下に任じられている。

実は、綱吉政権では、このような綱吉主導の対大名政策を行ったことに特徴があった。それを象徴する事件が「越後騒動」再審である。

越後騒動とは、家康の二男秀康の血を引く、将軍家一門大名の越後国高田藩松平家の家督相続をめぐる御家騒動である。延宝二年（一六七四）藩主松平光長の嗣子綱賢が死去したことが、騒動のはじまりであった。光長の異母弟永見長頼の子綱国が後継者となるが、そのことにより藩政の傍流に追いやられてしまった者たちの不満が引き金となり、騒動が拡大したと言われている。藩は、光長のもう一人の異母弟の永見長良と彼を支持する家老で糸魚川城代の荻田主馬《しゅめ》、それに対する異母妹勘子の婿で家老の小栗正矩の二派に分かれて対立し、同七年には小栗が襲撃されるまでになった。

この騒動は、前家綱政権で、大老の酒井忠清や老中の久世広之などの調停で、反小栗

越後騒動関係略系図

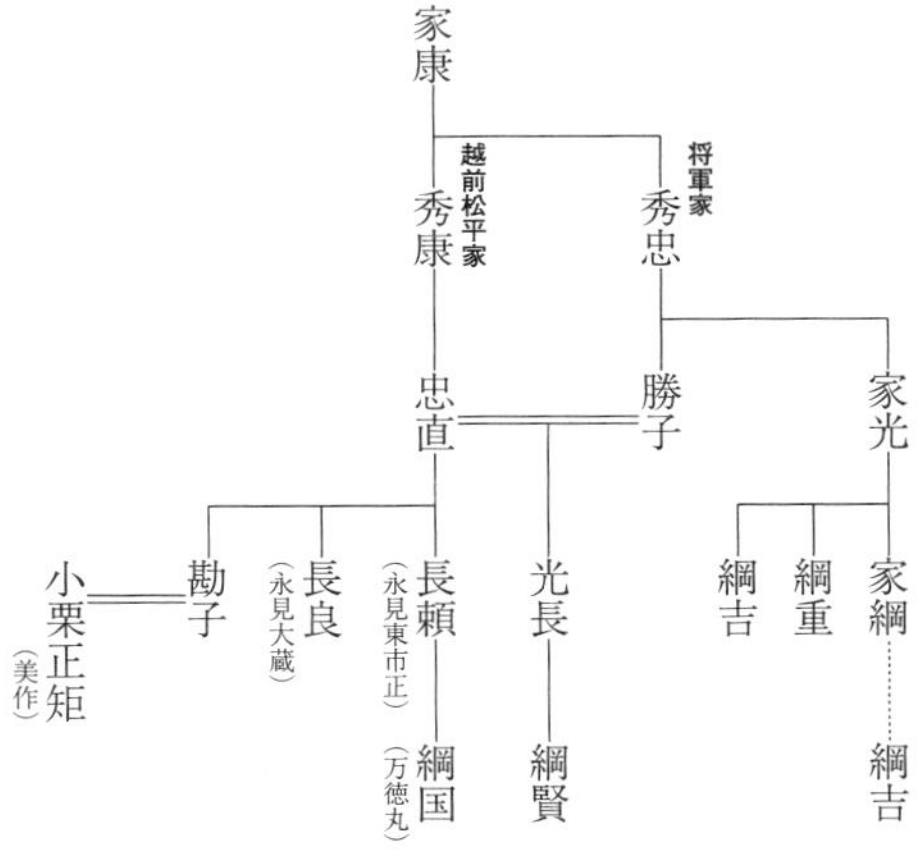

派の荻田をはじめとする五人が、徒党の罪で光長の一門の大名に預けられるという一応の決着をみたものの、高田藩にはその後も不満がくすぶり続けた。そこで、綱吉が新将軍となってすぐ、既決していたはずの越後騒動を、再度自ら裁断することになったのである。綱吉は、将軍家一門に厳しい判断を下すことに躊躇を感じ、時の尾張藩主徳川光友に相談してもいたが、前将軍の判断を素直に受け入れなかった高田藩の態度を、将軍の権威を傷つけるものとして重く見た。

結果として、小栗の切腹、永見長良・荻田の遠島をはじめ、高田藩の改易という松平家にとって最悪の結果となっただけでなく、綱吉は、騒動が収まらなかったことには、酒井忠清や久世広之の関わり方にも問題があったとして彼らの責任も問うた。すでに亡くなっていた二人の代わりに、嫡男の酒井忠挙《ただたか》と久世重之が、逼塞処分（門を閉じて昼間の出入りを禁止される刑罰）を受けたのである（福田千鶴『徳川綱吉』）。

諸大名は、綱吉の意向により、たとえ松平家のような将軍家一門でも、酒井家や久世家のような家格の高い譜代大名でも、改易、失脚することを思い知らされたのである。ごく一般の大名家であれば、言わずもがな。どのような家柄、立場の大名であっても、自らの家をつつがなく存続させるためには、綱吉への窓口となっている吉保と親しく付き合い、彼に頼ることが、何にも増して重要だ、と考えるようになるのは当然の結果だった。

吉保は、綱吉の対大名政策遂行の手足となって働いていたのである。諸大名にとって、その権力は大きなものであった。

しかし、その一方で、元禄十二年（一六九九）八月二十八日に、先に出てきた酒井忠清の嫡男に当たる前橋藩主酒井忠挙より吉保に宛てた書状には、次のような一節がある。ちなみに、忠挙は吉保の嫡男吉里の許嫁槌姫（頼姫）の父親であり、酒井家と柳沢家は、姻戚関係にあった。

あなた様が、どれほどお考えになっても、老中方がそれほどにもお思いにならず、おっしゃっても取り上げられない場合は、どうにもならないということは、察しております。

——貴公様何程思し召し候ても、年寄衆夫程に存ぜられず、仰せ出され候ても取り上げ申されず候儀は、何とも成られるべき様御座有る間敷く察し申し候（「御老中方窺之留」）、

吉保がどのように考えても、老中の同意を得られなければ物事が進まない、と述べているのである。これはどういうことだろうか。

奥向役人の支配

江戸城は、政治や儀式空間である「表向」、将軍の執務・生活空間である「奥」、女性たちの生活空間である「大奥」という三つの部分に分けて考えることができる（深井雅海『江戸城　本丸御殿と幕府政治』）。そのうち、将軍側近は、「奥」を統括する立場にある。

ここからは、そこに勤務する役人（奥向役人）の支配に如何に関与していたのか、という観点で、吉保の働きぶりを見ていきながら、彼の権力の及ぶ範囲について考えていきたい。

例として挙げるのは、「廊下番」という組織である。これは、能役者を中心に構成されており、綱吉政権期にのみ設置されていた。能を好んだ綱吉が、能役者を幕臣にするために作ったものであり、まさに吉保が管理すべき役職のように見える。ちなみにこの組織は、トップは廊下番頭、中間管理職が廊下番組頭、その下にヒラの廊下番士という構成になっていた。

元禄七年（一六九四）から同八年にかけて廊下番頭を務めた根来《ねごろ》正縄が、同七年の職務に関する記録を残しているので、その内容から、吉保とのかかわりを見ていきたい（「根来家元禄中日帳」国立公文書館所蔵。これ以降「日帳」と略す）。

元禄七年三月十八日、吉保より番頭に廊下番の勤務のあり方について、申し渡しがあった。

何れも御奉公にかけひなたなく励み、学問も精を出すように。二丸張番の内、勤めを怠ったために扶持を召し放ちになった者もいた。一生懸命に励めば、御取り立てになることもあるので、慎んで勤めるように。

――何れも御奉公御影後なくはげみ候て相勤め、学文をも情《ママ》を出し申すべく候、二丸の張番の内不勤に付き、御扶持召し放たれ候者もこれ在り候、情を出し申し候者は御取り立て成され候事候、慎しみ候て相勤め候様にと仰せ渡され候、

任を解かれた者のいる二丸張番という役職を例に出し、御奉公も学問も怠らないように注意を与えている。実は同じ日に、下山勘兵衛・大塚庄左衛門という二人の廊下番士が、まじめに勤めなかったことを理由に、二丸張番への異動を命じられているので、このことを念頭に置いているのだろう。いい加減なことをしていると、二丸張番に異動となり、そこでも勤務態度が改まらないと、「クビになるぞ！」ということか。ちなみに、番頭は、この注意を受けて執務室に戻り、番頭・組頭それぞれ二人ずつの立ち会いのもと、番士たちに申し渡している。

もちろん、この様な注意を与えても、勤務が怠慢な者はいた。「日帳」には、愛知慶明という番士について記されている。

閏五月二十六日。番頭の永見重隆は、吉保より組頭を同道して「物書部屋」へ来るよう呼び出された。永見は、組頭の中条直景と共に吉保のところに向かった。そこで、次のような注意があった。

愛知は、怠けがちでいい加減な勤務をしており、不届きである〈愛知五郎左衛門義、不精成躰身をらくに仕り不届きに思し召し候〉。前々から、そのような者は解任するか、元のように役者に戻されることになっている。そうならないように、よく心得て勤めるよう、厳しく叱るように。明日にも同役の者を立ち会わせて、叱りなさい。その上で、今後の勤務の仕方について、書面で提出しなさい。明日見ます。

その後、愛知が非番で退出しているのを呼び出し、組頭二人の立ち会いで、番頭が注意した。翌日、番頭の永見と松平近良は、吉保に書面で、昨日と今朝の二回、厳しく叱責したことを報告。加えて、今後の愛知の勤務のさせ方について提案し、許可を求めている。吉保は了承した上、この日の日光門跡登城の際の御囃子への出演も許可している。

このように、吉保は廊下番の勤務について指導し、問題のある番士についても吉保の指図により処置されていることがわかる。

しかし、奥に所属する職務だからといって、廊下番に関するすべてのことについて、吉保が関与するわけではなかった。

権力の限界

元禄七年（一六九四）二月二十九日、午前十時ごろ。廊下番士服部一庸の小者が、同僚の小者と下女に、一太刀ずつ浴びせて逃げた。すぐさま服部の若党が追ったが、間に合わなかった。

同日、事件の顚末は、番頭の永見重隆から吉保に報告された。吉保は永見に、負傷者をそれぞれの請人（身元保証人）に預け、逃げた小者の請人には、念入りに探索させるようにと、指示を出している。

三月に入っても犯人は捕まらなかった。もう内々で事を納めるのは、無理だと考えたのだろう、同月十六日に、番頭は、事件について町奉行に伝えてほしいと吉保に要望している。吉保は了承し、翌十七日に、町奉行へ事件が報告された。

しかし、その後も犯人は行方不明。閏五月二十八日には、町奉行所により請人に手錠がかけられることになった。その手形の写しが、吉保ではなく若年寄の加藤明英から永見に渡されている。

八月三日となり、服部の事件を終わらせたいとの意向が、番頭の永見と松平近良から吉保に伝えられた。服部は、請人から、逃げた小者に貸していたお金の返済を受けた上、請人が手錠をかけられたことが、今後同じような事件が起こらないための見せしめになったこともあり、この件に終止符を打つことを望んだのである。

吉保は、自らが指示することなく、若年寄の加藤に相談するよう返答した。永見・松平が、加藤にこの件を申し出ると、すぐに町奉行に取り次いでくれた。その後、事件の幕引きのための諸手続きが行われるが、そこに吉保は一切タッチせず、永見らより報告を受けるだけであった。つまり、事件が内輪の段階では、吉保の指示のもと調査が行われていたが、町奉行の手に渡った時から、吉保ではなく若年寄が指図をしているのである。

ほかにも吉保から若年寄に、監督者が変わる事例を挙げよう。

元禄七年三月二十三日、吉保の神田橋の上屋敷内の長屋に居住していた廊下番士六人の住まいを、近習番（廊下番と同じく、奥向番衆の一つ）に譲り渡すことになった。代わりの長屋について吉保に指示を仰ぐと、若年寄の加藤に相談するように言われたため、加藤に書面で、空いている長屋の使用について許可を願い出ている。

　また、同年八月三日には、神田橋内の長屋に転居した廊下番士鈴木善春の部屋が雨漏りするので、番頭の永見が、吉保にひさしの新築を願う書面を提出した。しかし吉保は、自分の屋敷内のことにも拘わらず、加藤に指図を受けるようにと返答している。

　七日には、江戸城内の廊下番の部屋の畳が古く、手水の調子が悪いとのことで、修繕の願書を永見が吉保に提出するが、若年寄へと言われて加藤に提出し直している。

　また、給与の面でも同様の事例がみられる。四月二十五日に徒組から廊下番士に役替えになった藤沢次政・清水正依・能勢能久が、春の借米を年末の切米で差し引きすることについて、永見が吉保に許可を求めたところ、加藤に指示を受けるよう言われている。

　つまり吉保は、廊下番の職務の上での管理や指示は行っていたものの、彼らの住居、仕事部屋、給料といった、将軍直臣にすべて共通する事柄については、若年寄に指示を任せていた。そもそも「旗本の支配」は、若年寄の職務領域である。綱吉が作った新規の奥の組織といえども、旗本の支配についてのルーティンワークは、あくまでも若年寄の仕事なのである。吉保は、いつの時代も常に変わらないそれらの政務の処理方法や、組織の運営体制の部分では、いわゆる老中を筆頭とする官僚組織の役割を損なわず、分をわきまえて職務に従事していたといえる。

先の酒井忠挙からの書状の文言の前には、この年の台風による百姓や旗本、大名の被害の状況を訴え、米不足対策としての酒の製造停止や、経済的負担の大きい大名火消のシステム改善などの提言が書かれていた。これはまさにいつの時代も変わらない、日常的な政務だといえるだろう。よって老中の判断が下されなければ、吉保にはいかんともしがたいわけである。

吉保邸に囲われた若人たち

「根来家元禄中日帳」からは、廊下番や近習番といった奥向きに務める者たちが吉保邸に居住していることが読み取れた。例えば、先に登場した廊下番士の藤沢次政は、その後元禄九年（一六九六）七月四日に小納戸になった際、神田橋の邸地内に居住した（『寛政重修諸家譜』）。

この藤沢のもとには、綱吉が吉保邸御成の際に二度立ち寄っている。綱吉は、そこで何をしていたのか。藤沢宅への初めての訪問となった、元禄十一年（一六九八）二月九日の様子を「楽只堂年録」の記事から見てみよう。

上様は、熨斗目半上下にお召し替えになり、藤沢次政宅に、初めて御成になった。吉保・松平輝貞・黒田直重・川村紀正が御供した。いつものように吉保の家臣と桐間番士が混ざって警護した。講釈などが終わって、上様は吉保邸へ戻られた。藤沢宅では、吉保から檜重一組が献上された。

この時藤沢は、四書大全と菊寿の蒔絵の印籠を綱吉から賜っている（『寛政重修諸家譜』）。同十四年（一七〇一）十月九日の吉保邸御成では、正午過ぎに黒田直重（直邦）のところで食事をとり、吉保夫妻及び吉里より綱吉に、檜重一組ずつ献上し、吉保父子には檜重、吉保夫人には綸子が五畳下賜されている。綱吉はその後、藤沢の所に行き、そこで吉保が綱吉に檜重一組を献上し、午後四時過ぎに吉保の居所に戻っている（「楽只堂年録」）。「源公実録」では、次のように記されている。

元禄年中に黒田直重公に二度、御屋敷内の住宅の小姓藤沢次政殿へ二度御成。たびたび私一人だけ詰めるように仰せ付けられた。儒書の講釈と、仕舞を拝見した。御前で御紋の付いた時服を三着ずつ、合計十二着拝領した。

黒田、藤沢への綱吉の訪問には、吉保の家臣は藪田重守のみが詰めていたようだ。黒田は、外祖父が館林藩家老の黒田用綱で、正室は吉保の養女土佐子であった。極々プライベートな訪問ということだろう。例えば元禄十年（一六九七）十一月十四日の訪問の際には、備前国宗の刀を賜り、家族や家臣も綱吉に御目通りをしたという（『寛政重修諸家譜』）。

綱吉は、吉保の娘婿である黒田はともかく、なぜ藤沢を吉保邸内に住まわせ、立ち寄ったのだろうか。

例の『三王外記』によると、この件は、すさまじいハナシになる。つまり――綱吉は少年を好み、近習は容色により選ばれ、その数は数十人。そのうちの寵愛する二十人余りが吉保邸に集められていたのだという。中には、妻帯者もおり、起居・飲食・学習・作事、すべてに規則があり、吉保の家臣四人が監察していた。はじめは痩せていたのに、のちに太ってしまった者については、吉保が食事制限を命じたという。自由は認められておらず、江戸城の内外に拘わらず監視されており、道で人と口をきくこともできなかった。父親や兄弟であっても、頻繁に会うことや手紙のやり取りもできなかったとか。

そして、内藤政森（上野国安中藩・二万石）・水野勝長（下総国結城藩・一万→一万三〇〇〇→一万八〇〇〇石）・本多忠統（河内国西代藩・一万石）と、公家の子弟である長澤資親（外山大納言光顕二男）・前田賢長（高辻式部大輔長量二男）・前田玄長（押小路大納言公音二男）の六人の名前が挙げられている。彼らはいずれも奥で綱吉の身の回りの世話をする小姓や小姓並であった。

監視に減量。つまり、籠の鳥にして、教養や容姿のクオリティーを充実させることを求めているのだろう。吉保邸には、綱吉好みの男たちが集められていた、ということか。先に登場した黒田直重も『三王外記』では、吉保とともに綱吉の衆道の相手として、描かれている。

確かに、綱吉が容姿を気に入った者を、奥に所属する役人として雇っているとの噂は、当時から巷に流れていた。『御当代記』貞享五年（一六八八、九月三十日改元　元禄元年）六月条には、次のように記されている。

三、四年前から、「しゅすびん」というのが流行っている。月代《さかやき》を小さくすり、鬢《びん》を厚くして、髪の一筋もほつれないように、伽羅の油、美清香をつけて、黒繻子《くろじゅす》のように作っているからそう呼ばれている。そのため、若い男はいっそう伊達できれいに見えるため、器量の良い若い男を御見立てになって、小姓・中奥番・桐間番へお入れになるとのことで、今年になって、鬢を薄く、後をすり落として、大昔の「しっぺいさがり」のようにしている。これを「よけびん」という。

元禄二年（一六八九）六月条には、駕籠かきの六右衛門が、「男振きれい」であるため、江戸城に召されて御湯殿頭となり、百俵取になったとか、台所料理方魚切の勝屋庄左衛門も桐間番士で二百俵取になった、ほかにも御徒目付にそのような者がいる、などと記されている。

彼らは、綱吉の衆道の相手なのだろうか。わざわざ家まで訪ねていく藤沢の存在とも考え合わせて、アヤシクもあるが、根拠となる史料が、あの『三王外記』と、綱吉政権を批判的に描いた『御当代記』であるので、それだけでは俄かには信じがたい。検討を進めてみよう。

まず、名前の挙がっている三人の大名のうち、『寛政重修諸家譜』から吉保邸居住が確認できるのは水野勝長のみである。元禄十二年（一六九九）閏九月十五日より小姓を務め、同十三年十一月十二日に神田橋の邸地内に移住した。この時、二十二歳。綱吉は、同十四年十一月二十六日の吉保邸御成の際に、水野のもとにも立ち寄っている。その時の様子を「楽只堂年録」の記事から見てみよう。

上様は、それから熨斗目半上下にお召し替えになり、水野勝長宅に、徒歩で御成になった。吉保・吉里と松平輝貞が御供した。いつものように吉保の家臣九人が路地を警衛した。吉保からの献上物は、檜重一組である。吉保の家臣平岡資因は、御前で御紋の時服を三着拝領した。同じく、川口正晴・酒井勝世・上田重孝・加古長栄・疋田尚重・森長恒は、時服を二着拝領した。御講釈・御膳・御雑煮を済ませて、午後四時前に、再び吉保の方へ戻られた。

吉保父子と、同じく将軍側近の松平輝貞を同行し、ほかに吉保の家臣が七人いたようだ。吉保から綱吉への献上品があり、柳沢家の家臣たちには、拝領品があった。滞在中には、儒学の講義が行われ、食事をしたという。先の黒田や藤沢の事例とよく似ている。この時水野は、綱吉から、備前重助作御料の御刀、四書の大全、御茶碗三個、白銀百枚を、水野の家臣二人には、時服二枚を賜っている。水野からは、越中国則重の太刀、歌仙の手鑑、紗綾二十巻、服紗などを献上している（『寛政重修諸家譜』）。

水野は、元禄十六年（一七〇三）十二月二十二日に二十五歳の若さで死去するが、その後は、弟で小姓の勝政が跡を継いだ。同じく吉保邸に住んでいたが、宝永四年（一七〇七）五月二十五日に「御側向の宜しからぬ」として、外様大名の格とされ、吉保邸を出され、自宅に帰された（「楽只堂年録」）。

また、前田賢長が吉保邸に居住した事情については、京都所司代の松平信庸《のぶつね》が柳沢家家老藪田重守に宛てた宝永四年五月二十九日付の書状にみることができる（「源公実録」）。

先だって申し上げておりました高辻侍従（総長）の弟前田靭負（賢長）のことを、先ごろ老中方より言ってよこされましたが、私（松平信庸）の都合がつかず、延期になっておりました。昨二十八日に、私の屋敷に呼び寄せ、支度が出来次第、江戸に出発するよう申し聞かせました。江戸での滞在先ですが、武家に縁がある者がいないので、直接美濃守殿（吉保）のところに参上させるようにと、これまた老中方よりいわれておりますので、その通りに致します。しかし、江戸は不案内ですので、到着の際は品川宿へ私の留守居の者が出向き、そちらの御屋敷まで案内するように申し付けようかと考えております。こちらを出発する日が決まり次第早々にお知らせします。その際には、私の家臣をあなた（藪田）のところにうかがわせますので、よろしく御指図の程、お願いいたします。

――先達て申し上げ候高辻侍従弟前田靭負、此度召し出され候儀、年寄衆より先頃申し越され候へども、私故障付て延引致し、昨廿八日、私宅へ呼び寄せ申し渡し候、支度出来次第罷り下り候様に申し聞せ候、其元おち着所の儀、武家方に由緒の衆無く候間、直に美濃守殿へ参上致し候様に仕るべき旨、年寄衆より是又申し来たり候、其の通りに罷り成るべく候、然らば其元不案内に候間、到着の砌《みぎり》、品川宿へ拙者留守居の者出向き、御屋敷まで案内仕り候様に申し付けるべき哉、と存じ候、爰《ここ》元発足の日限相究め、早々申し入れるべく候、其節拙者家来、御自分へ相窺うべく候間、宜しき様に指図御申し付け、頼み入り候、

前田賢長は、宝永四年七月二十五日に、小姓並となる。そのために京都から江戸に召

し出される際の手配の様子である。京都所司代の松平信庸が、老中からの指示を受けて取り仕切っている。賢長には武家に知人がいないので、吉保のところへ参上させるようにとあり、吉保が、奥に勤務することが内定している者の窓口となっていることがわかる。江戸に着いてから、そのまま吉保邸に居住することになったのではないだろうか。吉保邸は、江戸城の「奥」で職務に従事する者たちの寄宿舎としての役割も果たしていたのである。

このようなシステムは、松平輝貞邸にもあったようだ。新井白石の『折たく柴の記』には、綱吉死去後の宝永六年（一七〇九）三月七日のこととして、吉保と輝貞邸に預けられていた者は、帰されて、それぞれに宅地が与えられたと記されている。公家の子息三人については、同年二月二十一日に、そろって高家に任じられている。ほかに、吉保邸では、綱吉の館林時代より奉公していて現在役職に就いていない七十人余りの小普請組の者を集め、「人柄吟味」も行われていたという（肥前嶋原松平文庫所蔵「徳川幕府日記」元禄三年六月四日条）。奥に仕える者の候補を吉保が選んでいたと考えられる。

吉保邸は、将軍の執務・生活空間である江戸城の「奥」を舞台とすれば、その楽屋裏のような場所であったのだろう。綱吉のプライベートを充実させるさまざまな準備がなされていたのである。

吉保はイエスマンか？

このように見ていくと、吉保の権力は、綱吉の政策の遂行の手足として、あるいは綱吉の執務・生活空間である「奥」の場などで発揮されており、あくまでも綱吉の将軍権力を背景としていて、吉保の主体的なものではなかったことがわかる。

それでは、吉保は、単なる綱吉のイエスマン、徳富蘇峰の言うところの「迎合学の大博士」なのだろうか。

彼が、生類憐み政策について述べた興味深い言葉がある（本章ではこれ以降、特に断りのない限り引用は「源公実録」）。

上様は、殊の外御廉直な方でいらっしゃるので、人々が少し違うことを行っても、御自身の考え方と比べて、御咎めが厳しくなる傾向にある。生類憐れみ令については、厳しく対処されている。それに背くことは、重い軽いに拘わらず、上意に背く心持ちは同じであるので、処罰されているのである。生類を人より大切に扱っているように評する向きもあるが、それは全くの心得違いなのである。

綱吉の意向を理解し、対外的にはその施政を肯定しているが、その難点を端的に指摘してもいるのである。

第二章で紹介した『徳川実紀』の記事にもあったように、吉保は、綱吉の御機嫌が良い時に、臣下への厳しすぎる綱吉の対応に、彼らは、権現様（家康）から代々譲り受けてきたものだから、御心のままに扱い、扇子や鼻紙などのように思っておられることは間違いであり、「御慈悲は上より」ということを考えるよう忠告しており、綱吉もその言葉を聞き入れ、その後は、寛容な扱いをすることが増えてきたという。

綱吉の気持ちに寄り添いながらも、その問題点を指摘し、やり方をただそうと諫言する吉保の姿が、そこにはあった。

吉保は、諫言について、次のように考えていた。

私は、上様のご機嫌を見計らい、何度でも袖にすがってお諫め申し上げた。先年、牧野備後守殿（成貞）は三度お諫めして、お聞き入れいただけなければ、その上は、善悪はお上と一体であると申されていた。権現様以来、諸家では家老たちがそのようにして、家が潰れた例は多い。何度でもお諫めすることが、その家の先祖に対して大忠節である。家老のやり方で家が潰れる例も多い。それは、その家の先祖に対して、大いなる不忠で申すべき言葉もない。この点を、家老たる者のわきまえとするように。

牧野成貞は、三度であきらめて、あとは御意向に従うと述べていたが、諫言は受け入れてもらえるまで、とことん何度でもおこなうことが、忠義であると述べている。また、吉保は、こうも語っていた。

自らの出世のために、主人に媚びへつらい、良くないことを勧める者が世の中に多い。主人のご機嫌をうかがうばかりでは、ほめられたものではない。主人への心添えが第一である、との御意であった。

――我が身を立身致すべしと、主人の気に応じ申すべしと、よからぬ事をすすめ申す者、世

に多く候、主人の機嫌をつぐのふは、賞すべからずといふ事有り、主人の心付第一、と御意成られ候、

「自らの出世のために、主人に媚びへつらい、良くないことを勧める者」というのは、「柳沢騒動」における吉保の姿そのものであるところが、何とも皮肉である。

また、吉保が綱吉に「迎合」していたと見られていた根拠の一つに、学問の弟子となり、綱吉の儒学の講義を吉保邸でも盛んに開いていたことが挙げられる。綱吉の学問好きにとことん付き合う様子には、心酔しているようにも見えるが、この件についても、吉保は綱吉を実にクールな目で見ていた。

吉保は、学問好きな家臣小田清右衛門について、藪田に次のように語っている。

小田清右衛門は、普段から良く勤めているが、学問をしているために、万事窮屈にみえる。学問をする者は、必ず偏屈である。それは、学問の仕方が悪いためで、学問の欠点だと世間でも言われている。たびたび清右衛門に学問の道をあまり用いすぎるのはいかがなものか、と申し聞かせること。偏屈すぎては、側の者までが嫌

がる。よくよく言い聞かせるように。

学問のやり方を間違えると、本人は偏屈、周りは窮屈、そして嫌われる、と。綱吉への密かな皮肉なのか、はたまた心配なのか。いずれにせよ、学問に対する吉保の眼は、冷静である。

吉保は、このように家臣の在るべき姿を藪田らに語っている。これこそ、綱吉の前での自らの理想とする将軍側近の姿なのではないだろうか。

家臣の大切さ

吉保は、家臣の重要性について語っている。例としたのは、元禄十三年（一七〇〇）五月二十五日、鳥取藩主池田綱清に、幕府から甥の吉泰を養子とする許可が下りた際のエピソードである。

池田家の家老たちは、この日の登城では、きっと以前から願い出ていた養子が許可されるだろうと考え、その際には「願いの通り、養子を仰せ付けられありがたく存じます」と申し上げるよう、綱清に事前に伝えていた。彼が、万事にいい加減な性質〈万事おろそか成る生れ付き〉だったからである。

いよいよその時がきた。吉保をはじめ、老中が居並んでいるところに、綱清が登場し、月番老中の土屋政直がまだ何も言わないうちに、「以前よりお願いしていました通り、養子を仰せ付けてくださりありがたく存じます」と述べてしまったのである。そこで土屋は、「なるほどその通り、願い出られた通りに養子を仰せ出された」と申し述べた。

老中たちは、はじめ、綱清の失態にあきれてしまった。しかしその後、「大名はあのような者でも、良い家来があれば、領国を治めることができる。とにかく家来次第だ」と口をそろえて言ったという。吉保は、綱清の事を、利発〈発明〉過ぎよりはマシだろう、と家臣たちに語った。

綱清は、言うべきことを、家臣から事前にレクチャーされていた。その時点で藩主として問題があるような気もするのだが、それだけでなく、いざその時になると、言うタイミングを間違えたわけである。自ら何も物を考えていないのだろうか。

この様子を裏付けるような話が、幕府の高官が隠密から得た情報をもとに作成したとされる大名の行状記『土芥寇讎記《どかいこうしゅうき》』に記されている。

文武ともに学ばず、文盲、不才、行跡も正しくない。昼夜の別なく美女や美少年を寵愛するため、政治を行わず、家老任せである。そのために家老の威勢が強くなり、主君の綱清は居てもいないかのごとくである。家臣の善悪や、忠・不忠もわからず、弛緩して酔っているようである〈主君綱清は、あれどもなきが如し。家士の善・悪・忠・不忠を知らず、緩々《ゆるゆる》として酔るが如し〉。綱清が色好みのため、支出も多い。家臣を取り立て、加増をすることもない。奉公に励むこともないため、おろかな主君であるとの風聞がある。本当なのだろうか。

あまりの評判の悪さに、調査をした幕府隠密でさえ真偽を疑っている。風聞が事実ならば、あきれた藩主である。この史料が成立したとされる元禄三年(一六九〇)には、綱清は四十四歳であった。よって、先の養子許可の時は、五十四歳であり、藩主として頼りないことこの上ない。「主君の綱清は居てもいないかのごとく」とは、さもありなん。

老中や吉保の感想が興味深い。家臣さえしっかりしていれば大丈夫だといい、吉保にいたっては、それに加えて、綱清を、利発すぎるよりはマシ、とまで述べているのだ。

家臣は主君を映す鏡

吉保は、藪田に家臣の在り方を次のように語っていた。

家中の者は皆、風俗よろしく、礼儀正しくあるように、その方どもが気をつけなければならない。家臣の風俗でその主人の心根がわかるのである。

——家中諸士、風俗宜敷く、礼儀正敷くこれ有る様に、その方ども心付け申すべく候、家来の風俗にて其の主人の心根察し申す事の由、

そして、最も大切なのは、「慎み」であるという〈惣体、慎みと申す事、第一に候〉。「家中の者がよそへ出掛ける際にがさつなことがないよう、供の者たちにも申し付けるように。大道を通る際には、片側を通るように気をつけること。老中の家来は慎みがないよ

うに聞いている。下々の者までも他へ出掛ける際に気をつけるよう支配頭に絶えず注意するように」と言い聞かせていたので、ついに、藪田が勤務している間に、よそで柳沢家の家臣ががさつだと言われたことはなかったようだ。「道の端を歩け」などと注意が具体的なところが面白い。老中の家臣たちは、虎の威を借るキツネよろしく、道の真ん中をわがもの顔に歩いたのだろうか。このことについて、元禄期に、奥医師の薬師寺宗仙院は、藪田ら家老たちに次のように語っている。

美濃守様（吉保）は、古今に例のない、お上の御寵愛、威厳はあるが、猛々しくないご様子から〈威有て猛からざる御容体〉、世の中でも御威勢重く、ご尊敬申し上げています。家綱政権期の酒井雅楽頭殿（忠清）は、威勢も強く「下馬将軍」などと世間では申しておりましたが、それは表向きばかりで、内々の寵愛ぶりは美濃守様とは大違いでございました。私は、老人で、昔からのことは見聞きしております。各々方は、まだお若いですから、私の話を先々まで覚えていて、世の中の様子と考え合わせて下さい。第一、御代初めでは、政治のやり方が厳しく、松平越後守殿（光長）をはじめ、諸大名、側近の方々が御預になったことが多くありましたが、美濃守様が御役に就かれた以降は、世の中も静かになりました。御側仕えの方には、私が出入りしている方もあり、委《くわ》しく諸々世の中のため、美濃守様が末永くお勤めになられますようにと、皆が願っております。まずは、仁心深く、人には情けをかけられ、細やかに気配りをされるとの評判です〈第一、御仁心深く、人を御憐憫成られ、御細やか成る心付けの由、取り沙汰致す事に候〉。以前の牧野備後守殿（成貞）や喜多見若狭守殿（重政）のお勤めぶりとは違います。御家中の風儀も老中方と比べてこれまた大違いです。広間向きのことも、老中方と違って丁寧です。この件も、よそで聞きました。また、あなた方も諸事お気を付けください。備後守殿・若狭守殿の家来は、先年、ほかでも非常にがさつだという噂を聞きました。

吉保の勤めぶりを、ほかの側近の牧野成貞・喜多見重政と違い、思い遣り深く、人には情けをかけられ、細やかに気配りをされるとベタほめである。牧野は、第一章の小姓の永井直増のエピソードにみたように、すこし増長気味で綱吉から注意をうけたこともあったようだし、喜多見に関しては「へつらう人らしい〈佞人のよし〉」という評もある（「葉隠」聞書十一）。

語り手の奥医師、薬師寺宗仙院とは、どのような人物なのだろうか。

元禄十三年（一七〇〇）五月、重病にかかっていた吉保は、奥医師の渋江松軒の診察を受けていたが、全快には至らなかった。そこで、橘隆庵の診療を受け、すっかり良くなったのである。そのため橘は同年六月十五日に法印となり、「薬師寺宗仙院」に改名した。この年以来綱吉は宗仙院に、吉保の登城前に診療するように命じている。

吉保との間には、このような関係もあるため、宗仙院の発言には、ヨイショの部分がないとは言い切れないが、ここでは、家中の風儀が老中の家と比べて、かなり良いことや、ほかの将軍側近である牧野成貞・喜多見重政の家臣が「がさつ」だと言われていることに注目したい。自分たちの主君の権力を笠に着て、威張り散らす家臣がいた、ということである。吉保は、そのようなことのないよう普段から家臣たちに語りかけ、一定の効果をあげていたことが察せられる。その根底には、吉保の次のような考えがあった（『松蔭日記』）。


どのようなことであっても、勢いに任せて人を侮ったり、無礼な行ないをしてはいけない。世の中でおそれ憚られている家だと思い、事の大小にかかわらず、自らの気持ちのままに自己主張をすることは、ばかばかしくつまらない行為だと思うべきだ。

——何事にも、いきほひにまかせて、人をあなどり、無礼なるわざする事なかれ、すべて世中にをぢはゞかられん家と思ひて、大小の事、をのが心にまかせて、をしたちたるわざせんは、をこに物しておもふべきなり、

ただし、それでも駄目な家臣はいたようで……。そのような場合、吉保は次のように対応していた。

最近、柳沢吉保邸の裏門に新しく番人を置き、裏門より家中への進物を入れないようにしたそうだ。また、吉保の家臣が二人、各方面より賄賂を多く取ったということで、川越に返されたそうである。

——頃日、柳沢出羽守裏門に新番人を置き、裏門より家中への音信を不通に入れずと云々、又云ふ、柳沢出羽守家来両人、諸方よりまひなひ多く取り候に付き、川越へ差し遣わすと云々、

吉保を頼りにする諸大名らから法外な賄賂をとっていた家臣を、国元に送致したとのこと。こちらは、何かと綱吉政権批判が多い同時代史料『御当代記』である。その中にも、家臣の奢りを許さない、厳正な吉保の姿がある。

そして、その考えは、吉保自身の身の処し方にも表れていた。

慎みの人・吉保

家中で重職についている者や、出頭人《しゅっとうにん》へは皆が頼ってくる。門前に市を成すというのはこの両者のことである。その方どもも心得ておくように。出頭人の人柄で、主人の内面、家中は申すまでもなく、ほかに知れるのであるから、恥ずかしいことである。主人、次は家老・出頭人の慎み、心付けが肝要であるとおっしゃっていた。

——家中にても重く勤め候者、または出頭人へは諸士手寄申すべく候、門前に市を成すに両品と申す事、其の方共も心得有るべし、出頭人の人柄にて、主人の心底家中は申すに及ばず、他へ相知れ申す事、恥ずかしき事に候、主人、次には家老、出頭人の慎み、心付け肝要と御

柳沢吉保書　忠信（財団法人郡山城史跡・柳沢文庫保存会所蔵）

　意に成られ候事、

家臣に対しての言葉だが、これはそのまま幕府においての吉保のあり方にも、あてはめて考えることができるだろう。特に出頭人（吉保）の人柄により、主人（綱吉）の内面、家中（幕府）のことは、推し量られる、という自戒を込めた、吉保の覚悟がうかがえる。また、次のようにも言っている。

　人は完璧なものはいないが、どこか取り柄があるものである。それぞれ相応に務めるのが、奉公人としての心得である。また、慎みが大事である。利発者は、利発に見えないように勤めることが肝要である。

——人は、十分に足り申す者はこれ無く候、何ぞ又、とりへ有るものに候、それぞれ相応に御仕い成られ候由、御奉公心付けの儀、また慎みの事、ひたと、御意御座候、利発成る者へは、利発見えぬ様に勤め候事肝要に候、

「利発」つまり、目から鼻に抜けるタイプの者は、そう見えないように、慎むことが大切である、と強調している。また、自分と同じく将軍側近だった南部直政は、「非常に利発だったが、すぐに綱吉の意向に沿わなくなり〈勝れたる発明にて候へ共、間もなく、上意にかなひ申さず〉」、喜多見重政は、「目から鼻に抜けるほどの利発な方だったが、綱吉に背き〈ぬけたる発明にて候へども、御上に背き〉」、退任させられたとしている。そして、「役職の上下に拘わらず、真心をもって務めなければ、職務を全うできない〈上下共に、実を以て務めねば、末はとおらぬ物の由〉」と家臣に言い聞かせていたとあることから、「利発」「発明」を「実」に反するものと、捉えているようだ。

つまり、吉保のいう「利発」な部分を隠す、という考え方は、日本人ならではの、謙譲、控えめであることを美徳とする「能ある鷹は爪を隠す」心掛け、という説明だけでは済まされないものを含んでいる。それについて、具体的な吉保のふるまい方から見て

いこう。

宝永二年（一七〇五）七月十三日、江戸城休息の間で、以下のようなやり取りがあった（「楽只堂年録」）。

綱吉「残暑の折柄、気疲れしない様に十分保養し、日々の出仕を務めるように。諸事を止めて、気分転換をしなさい」

吉保「いつものように、ありがたいお言葉でございます。それでは、兼ねてから考えておりましたことを、三つこの機会に申し上げます。保養のためという、お優しい上意は、早速御許しを頂きます。まず一つ目には、私は、つつがなく、どこも苦しいところもなく、食欲もありますが、去年の春より、しきりに気疲れを覚えるようになりました。それにつきまして常々願っておりますのは、私のすべき要用を少なくして、御奉公を一途に勤め、日々の出仕も怠りなきようにしたいということです。御城中で所々の番人が下座しますので、私も失礼のない様に会釈しようと思うと、心が休まらず、煩わしいことに思っております。これから、番人が下座しないようにしたく存じます」

綱吉「なるほど、もっともだ。私にも以前から覚えがある。せわしいものだ。止めさせよ」

吉保「ありがたいことでございます。二つ目には、諸大名よりの御機嫌伺いの書状や、そのほか御用向の事について、松平右京大夫（輝貞）と私の両人連名宛で願い出てきますが、今後は、右京大夫一人にしていただきたいのです」

綱吉「もっともである。そのようにしなさい」

吉保「ありがとうございます。三つ目に、端午・重陽・歳暮、または参勤・相続・隠居など、公儀へ御礼を申し上げる際の祝儀物などを受納しないようにしたく存じます」

綱吉「これももっともである。しかしながら、そちへの個人的な贈答品は、受納すべきであるぞ」

吉保「三つの願いが皆叶いましたので、老中方へもお伝えします。このことは、以前より、申し上げたいと思っておりましたが、今日は、私の保養の事をお優しくおっしゃってくださいましたので、ついでながら申し上げました。お許しを頂きありがとうございました」

吉保の日常は、多忙を極めていた。側室の正親町町子は、この頃の吉保の様子を次のように記している。

どのようなことでも、すべて思うままに繁栄していらっしゃるが、御暇がないことが、さすがに御気の毒である。以前から忙しい職務に従事されており、年月をへてますます栄えられ、大体の細かな仕事については省き、しかるべき方に譲ってはいたものの、やはり、多くのいろいろな逃れ難いことが集まって来てしまう。それは、さすがに名誉なことであり、世の中の信頼もあるということは大切なことだとわかってはいるものの、やはりどうにかして静かな暮らしをしたいと、折りにふれてお思いになっていた。隠居するなどということは、今は全く出来そうもない御威勢であり、まずはあれこれと関わられながら、過ごしていらっしゃる。

――なにごとも、いとおもふまゝに、さかへいき給ふに、れいの、御いとまなげなるぞ、さすがにこゝろぐるしうなん、むかしよりことしげき職に、さだまりおはして、年月もはら御さかへのそふにつけて、大かたのさゝやかなることなどは、はぶき捨、さるべきかたに、ゆづり申給へど、猶、いと、よろづ、御のがれ所なく、さしつどひつゝ、さすがに、いとおもだゝしう、世の心よせなどは、さるものから、いかではた心しづかに、などは、ことにふれて、いかゞはおぼさざらむ、致仕などせさせ給はんも、今は、いとかたげなんめるいきほひにて、まづとかくのこと、かゝづらひがちにて、すぐひ給、

このような状況下で、綱吉が配慮を見せたことをきっかけに三つの願い出をしたのである。この件は、老中に伝えられ、書付にして、大目付・目付に渡され、諸大名・旗本をはじめ公家衆にまで周知されることとなる。

その後吉保は、江戸城の出退時に、気を遣わずに済むようになった。とはいっても内々には避けられないことは多く残ったが、「本当に気が楽になった〈一すぢに心やすく〉」などと喜んでいたという（『松蔭日記』）。

加えて、翌年の宝永三年（一七〇六）正月十八日に、老中の土屋政直へ、次のような書状を提出している（「源公実録」）。

年頭、上巳、端午、七夕、八朔、重陽、歳暮

以上の時には、どなた様も私の家に参られることをお断りいたします。大目付衆より、決してそのようなことの無いようにお達しいただくようお願いします。遠国よりも年頭の書状が参ります。これについても同様にしていただくよう大目付衆にお伝え下さい。

この書状について、「楽只堂年録」宝永三年正月十八日条では、「保養のために、仕事を少なくする〈保養の為に、事少に仕度によりて〉」、「源公実録」は、「あまりにも威勢が強くなってしまったので、御慎みのため〈余り御威勢強く御座成られ候故、御慎み〉」申し出たと解説している。

吉保の考え方からすると、忙しすぎて休む暇もないので、仕事のスリム化を図りたい、というのは表向きの理由であり、彼の気持ちの中には、権勢が大きくなったためになるべく慎み深くしたい、との意向が強かったのではないだろうか。

次に、柳沢家側ではなく、同時代の大名家史料に残されている吉保の姿を見てみよう。これは、老中・若年寄を輩出する家柄である大久保家の家臣山本角兵衛が、柳沢家家老藪田重守に宛てた書状である。

話は、大久保家が吉保に、藪田を通して当主である大久保忠増（元若年寄）の嫡男忠英との面会を申し入れたことにはじまる。この頃忠増は若年寄を辞職後で、役職に就いていなかった。その父忠朝も老中を退任しており、このまま大久保家が主要幕閣からはずされてしまうことを心配して、忠英を吉保に会わせたいと考えていたのかもしれない。藪田は、すぐに吉保の回答を大久保家に伝えた。以下は、それに対する返事の一部分である。

多くの方から、御目に掛りたいと度々申し出があること、その上、参勤交代で江戸にいらっしゃる方、および国元に帰られる方々もお会いになりたいと申し出があるために、一人にお会いになると、ほかを断ることができなくなるとお思いになることは、ごもっともだと、加賀守（大久保忠朝）も隠岐守（大久保忠増）も考えております。

――方々様より御逢ひ成られたき由、度々申し来たり、其の上、御参府の御方々様ならびに御暇仰せ出され候御方々様にも御逢ひ成られたき旨、申し来たり候へども、御壱人様へ御逢ひ遊ばさせられ候ては外へ御断り遊ばされがたく思し召させられ候旨、御尤の御事に加賀

守・隠岐守存じ奉り候、

吉保は、普段からたびたび面会を求められ、参勤交代の時期には江戸を出入りする諸大名がそれに加わるため、収拾がつかないのである。諸大名が吉保の政治権力を認めている様子がわかる。それに対して、吉保は、譜代の名門大久保家だからと言って、特別扱いをせず、面会を断ろうとしている。これを裏付ける記述が『松蔭日記』に見える。

その人のためには、心苦しく思うこともあるので、その気持ちに任せて聞き入れようとすると、きりがなくなり、だからといって、一方だけ便宜をはかるというのも本意ではない。そこで、だいたいそのような方々には、私的にお会いせず、またまれに会わざるを得なくなった場合には、ただ公的な立場で対応し、さし向いになっては、非常に細かい私的な願いなどは、相手が憚らなければならないような態度を示した。

——人のため、こゝろぐるしうおぼす事も、をのづからあるにまかせて、聞しめしいれんには、すべて限もあるまじ、又、さりとて、かたつかた、とりわきたらむも、御こゝろをきてにたがふべかんめれば、大かた、さるべき人々にも、わたくしには御たいめむなし、また、まれ〳〵えさらぬ事にて、まみえさせたまふには、たゞ大かたの、おほやけしきさまにのみ、もてなし聞え給ふて、さしむかひては、いとこまかなる、わたくしの願などは、人もはゞかるべきさまし給へり、

確かに、吉保は、諸大名にとっては多大な影響力を持っていたが、決してそれを振り回すことはなかった。自分自身も家臣も「慎み」を大切にし、行動を律していた。それは、はからずも自分が握ってしまっている権力の大きさに当惑しているようにもみえる。「柳沢騒動」にあるような、権力志向で綱吉をも踏み台として、悪行の限りを尽くしてのし上がっていこうとする様子とは、かけ離れている。

これは、吉保の人柄だけで説明することはできない。彼には、「慎み」深く生きなければならない理由があった。

吉保には、どんなに努力をしても乗り越えることができない壁が存在した。吉保が、成り上がりの「新興」大名である、という動かしがたい事実、である。次のような出来事があった。

宝永五年（一七〇八）正月、吉保邸で、尾張家二代目当主徳川光友の四男友著《ともあき》の「水《みず》御祝《おいわい》」があった。これは婚礼やその翌年の正月に、新郎に親戚や友人が水を浴びせて祝福する行事のことで、友著は、吉保の側室正親町町子の姪を正室に迎えたばかりであった。その際に、非常に贅沢であり、吉里を慰めるために吉保邸で行われたのであろうとされ、「御三家の子息が軽々しい」と評されたのである（『鸚鵡籠中記』）。

御三家が新興大名に媚びへつらっている、という世間からの視線。それは、尾張家にきつく突き刺さったはずである。尾張家のような御三家、先に登場した大久保家のような名門譜代大名家でありながら、吉保が綱吉の窓口であることから頼らなければならない。それは、好き嫌いでどうにかなるものではなかったのである。そのジレンマを、吉保は的確に感じ取っていたのだろう。大名の社会の階層秩序を、破格の出世により乱している自分。その中で、どのように振る舞えば、生き易いのか。

吉保は、衣類は色小紋と決め、腰物拵《こしものこしらえ》に至るまで、贅沢に見えないようにしていたという。ただし、江戸城内では顔を覚えてもらうために、あまり一般的でない菜種色を着ることに決めていたとか（「源公実録」）。

「慎み」は、吉保の処世術でもあった。

第四章　吉保の宿命《さだめ》

「真守」への思い

香川県立ミュージアムに所蔵されている高松松平家歴史資料の中に、重要文化財「太刀　銘　真守造《さねもりづくり》」はある。刃長七六・七センチ、反り一・九センチ、全長九五・〇センチ。平安時代末期から鎌倉時代にかけての時期に造られた、伯耆国の大原真守の作品で、「刀　無銘　二字国俊」（山城国来派の国俊作、鎌倉時代）、「脇差　無銘　貞宗」（相模国の刀工貞宗作、南北朝時代）と合わせて「御三刀」と称せられ、高松松平家では、特に大切にされていたという（『徳川四天王　井伊家の至宝展』）。

この刀は、様々な人物の手を経て、高松松平家に伝わっている。最初の所有者は、八

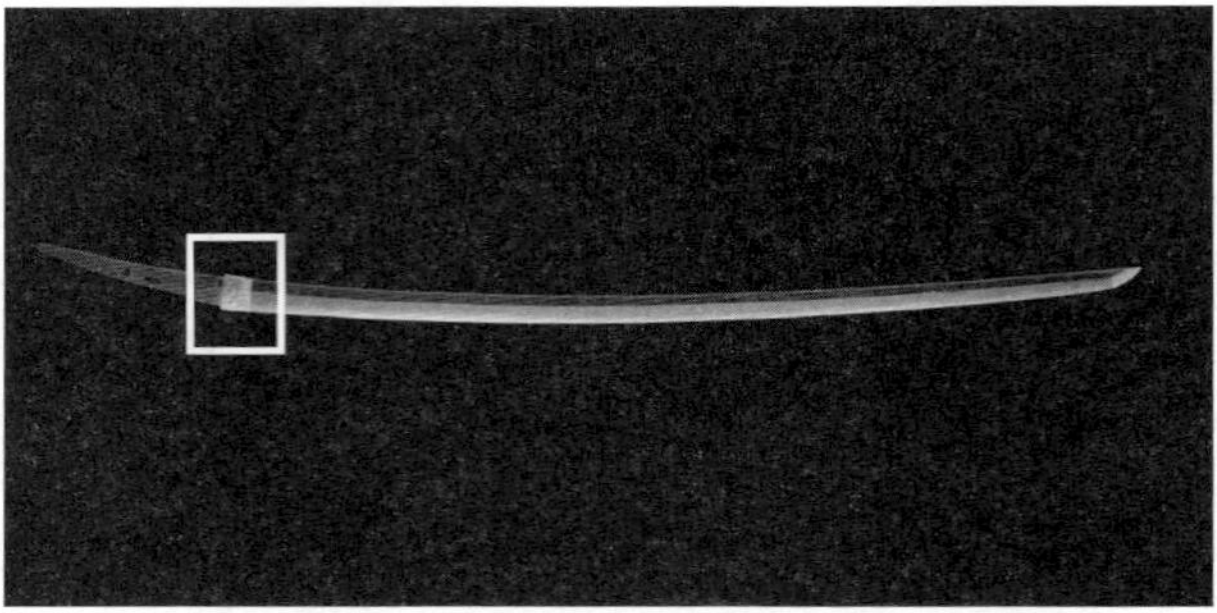

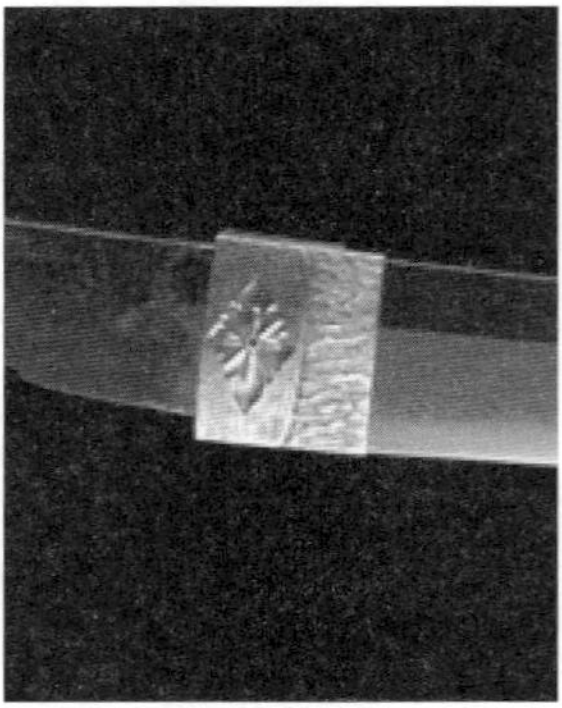

重要文化財　太刀　銘　真守造
(香川県立ミュージアム所蔵)

上記写真の囲み部分を拡大した左写真をみると、鎺《はばき》に柳沢家の家紋である四陽菱につながる花菱紋がきざまれている。

幡太郎義家の弟新羅三郎義光であり、後三年の役（一〇八三〜一〇八七）の時に携えていたといわれている。その後、義光の系譜を引く武田家に伝わり、武田信玄とその嫡男勝頼が所有する。天正十年（一五八二）三月に武田家が滅亡すると、徳川家康の五男信吉が、甲府六万石を与えられて武田家を継いだことから、信吉に伝えられる。しかし、信吉が早世。そのあとを継いだ家康の十一男水戸家の初代頼房の手に渡り、水戸家のものとなった。頼房の死後、水戸家の家督は二男の光圀が継ぎ、長子の頼重は高松松平家を立てる。その際に、光圀は「真守」は嫡家が所蔵するべきであるとして、頼重に譲ったため、その後高松松平家に伝えられた。

しかし、この「真守」は、高松松平家に渡った後、一時期、柳沢吉保が所持していたことがある。なぜ家宝ともいうべき刀が譲渡されたのだろうか。まずは、吉保と高松松平家の関係から見ていこう。

「源公実録」には、次のような記述がある。

松平讃岐守様（松平頼常）・藤堂和泉守様（藤堂高久）は、先代の酒井雅楽頭様（酒井忠清）の聟である。雅楽頭様の御不首尾のため、御両者も、幕府での立場が悪くなっていたところ、保山様（吉保）の御取り持ちで好転し、将軍御成の際に、度々御勝手詰を仰せ付けられ、御講釈の拝聞、御能の拝見、御筆の物ならびに品々を拝領するようになられた。讃岐守様には御能も仰せ付られた。

松平頼常とは、寛文十三年（一六七三）二月十九日に就任した高松松平家二代目当主である。史料中にみえる「勝手詰」とは、将軍の御成前に御成先の屋敷の勝手に控えて、将軍を迎えることをいう。一般的に御成先の親族が務めている。

頼常は、将軍綱吉に、越後騒動での不首尾を咎められた酒井忠清の娘松姫の夫であることから、吉保と親交を深める必要があったのである。また、重要事項については、直接吉保に書状を出すものの、それ以外は、頼常の自筆の書状が家老の藪田宛てに出されており、二十二通に及んだという（「永慶寺様御意並覚書次第不同」）。第三章で見た細川家の場合と同様に、相手方の家老という格下の相手に対してまで自筆の書状を出していることからも、頼常が吉保との交際を重視していることがわかる。

刀の譲渡の経緯は、「永慶寺様御意並覚書次第不同」（「源公実録」執筆時に作成された史料。第二章参照。これ以降「御意並覚書」と略記）に、次のように記されている。

松平讃岐守様（頼常）は、近年幕府での立場も良く、日光への将軍の名代や、紅葉山《もみじやま》御宮参詣の先達も命ぜられるようになり、有り難く思われていました。保山様（吉保）への御礼の言葉もないほどでした。刑部様（四男経隆）を養子に望まれたのですが、保山様からお断わりになられました。そのため、讃岐守様の御家に伝わる権現様（家康）から拝領した大原実盛（真守）の刀を贈りたいとして、保山様に遣わされたのです。保山様は、特別な御道具なので、どうにかして御断りになろうとされたのですが、とにかく讃岐守様が、「気持ちでございますので、是非とも御受納ください」とおっしゃったため、御受け取りになられたのです。しかし、現在の讃岐守様（頼常の次代、頼豊）の時代となり、この御道具を外に出してしまったことについて、家老をはじめとして非常に気に病んでいることを保山様がお聞きになり、讃岐守様にお返しになられたとのことです。

――松平讃岐守様、近年御首尾能く、日光御名代・紅葉山御宮先立迄も仰せ付けられ、有り難く思し召し候、保山様へ御礼仰せらるべき様も御座無く候、刑部様を御養子に成されたく思し召し候へ共、保山様御断りにてこれ有り候、夫れに付き、讃岐守様御家御譲りの権現様より御拝領大原実盛の御刀進《まい》らさせられたき由にて、保山様へ遣はされ候、格別の御道具に候へば、如何か御断り遊ばされ候へ共、兎に角讃岐守様御心差しにて候間、是非〳〵御受納下され候様にと仰せ遣はされ候に付き、御受納成られ候、然る所、当讃岐守様御代に成り、右御道具外へ御出し成られ候段、御家老始め事の外気の毒に存じ候由、保山様御聞き及び遊ばされ、讃岐守様へ御返進成られ候事、

つまり吉保は、頼常の方から家宝の刀を贈りたい、と熱心に言われたために、やむなく幕府への口利きの御礼として受け取ったというのである。その後、次の頼豊の代に、柳沢家の方から、気を利かせて返却したとのこと。

しかし、この件を高松松平家の史料から見てみると、異なる印象の話になる。一つ目の「小神野夜話《おがのやわ》」は、宝暦から安永年間に惣領組御倉奉行をつとめた小神野与兵衛光端《みつただ》が、初代藩主頼重から六代頼真《よりざね》までの事柄を聞き書きした「盛衰記（讃岐盛衰記）」を、寛政四年（一七九二）に、斉藤次美が増補改題したものという。二つ目の「消暑漫筆」は、天保八年（一八三七）七月に「小神野夜話」の誤りを訂正するため、中村義太夫惟孝（十竹）が書いたものである。つまり、二つとも綱吉政権期（一六八〇〜一七〇九）より

かなり後に成立した史料ということになる。それぞれのエピソードを簡単に紹介したい。

高松松平家の道具で一番である小原実盛の刀を、柳沢家へ取られていた。頼豊夫人は、吉保夫人の姪（正親町《おおぎまち》三位《さんみ》大納言《だいな ごん》実豊《さねとよ》の息女。実際は吉保夫人と姉妹）にあたっていたため、吉保夫妻と親しい間柄だった。そこで、頼豊夫人が、吉保邸に訪問した際に吉保夫人を通して返却を頼み、刀を取り戻すことができた（『小神野夜話』）。

「小原実盛」ではなく、伯耆国大原の住人「真守」という名人の作である。この刀は、新羅三郎義光より武田信玄・勝頼、そして水戸万千代から水戸頼房、松平頼重（頼常の先代）と譲渡され、その後、吉保の所望により柳沢家に贈られたが、吉里の代に、水戸家より高松松平家への返却依頼があり、頼豊のもとに返ってきたのである。柳沢家は、武田の後裔と唱えており、先祖重代の宝を伝えたと喜んでいたので、頼豊夫人の一言くらいで容易に返される物ではない（『消暑漫筆』）。

ここで登場する吉保夫人は、『松蔭日記』の作者である正親町町子のことである。

吉保からの要望で、高松松平家から刀を取り上げたことになっており、その返却も柳沢家の自主的な判断ではなく、頼豊夫人あるいは水戸家からの依頼によるもので、「御意並覚書」とは全く逆の説明になっている。この違いは、どのように理解すればよいのだろうか。

高松松平家側の史料で描かれる吉保はガメツイ。例えば――頼常が幕府での立場に苦労していた頃、柳沢家の家老を招いて自ら接待をしても、吉保は何の口ききもしてくれなかった。ところが、なんとか工面して、錫でできた砂糖壺を六つ準備し、一つに小判を千両ずつ入れて贈ったところ、吉保は喜び、その後は事態が好転したという（「小神野夜話」）。

しかし、それは、第三章に見た「慎み」の吉保像とはあまりにも違う。「源公実録」では、大名家からの贈り物について、次のようなエピソードが記されている。

山内豊房、内藤弌信《かずのぶ》の留守居から、柳沢家家老の藪田重守に、老中から所望されている名産品について、柳沢家からも依頼があれば喜んでお贈りしたい、と申し出があった。藪田が伝えると、吉保は「なるほど、留守居の言い様はもっともに聞こえるが、そのような類のものや高価なものは所望しないものである。重ねてよろしくお伝えするように」と述べ、断らせたという。

老中が所望しているのだから問題はない、ぜひ吉保にも、との判断から、大名家の方から贈り物を申し出てくれているのだ。しかし、吉保は老中がそうであっても自分は貰おうとしない。老中との違い、自らが置かれている立場を正確に自覚し、身を律している。

ただし、例外はあったようで、相続問題で尽力した津軽家からは煙草入れを、第三章で登場した本多家からは唐塗簞笥を受け取ったようだが、そのようなことはこの二家に限られていた。特別な事情がない限り、自ら贈り物を要求するようなことはしなかったのである。

それなのに、なぜ高松松平家の伝える吉保像はガメツイのか。それは、「小神野夜話」「消暑漫筆」の成立時期に関係しているだろう。「柳沢騒動」の決定版であるとされる『護国女太平記』の成立は、天明年間（一七八一～一七八九）以前であり、「小神野夜話」は寛政四年（一七九二）に完成。つまり、高松松平家の史料が執筆された時期には、世間に、「柳沢騒動」の中の吉保のイメージが十分すぎるほど浸透していたのだ。その中で、吉保と親しく交際をしていた頼常を、高松松平家の家臣の立場から「名君」として後世に伝えていくにはどうしたらよいのか。その結果、吉保を巷の吉保像に添って悪役として描けば描くほど、それに対して、家臣を守るために、将軍家一門としてのプライドは脇に置き、吉保の家老を接待したり、贈り物をしたりなど、関わりを持ち続けた頼常の素晴らしさが強調される、という構図を生み出すに至った。それが「小神野夜話」や「消暑漫筆」の物語なのではないか。

以前、この分析を発表した際（福留真紀「柳沢騒動―まぼろしの御家騒動」）、胡光《えべすひかる》氏から、次のような御指摘を受けた（胡光「柳沢吉保と名刀真守」）。

まず真守が、頼常の時代に吉保の所望で柳沢家のものとなり、吉里の代で水戸家の命令によって返却されたという逸話は、地元の歴史家や全国の刀剣ファンの間で広く知られている説だということ。ただし、その出典はやはり「消暑漫筆」であり、後世の高松松平家の家臣が記した史料である。

翻って私が根拠としている「御意並覚書」も、柳沢家家臣の後世記した史料であり、吉保の公正さをほかの大名の記録や柳沢家関係者以外の一次史料から証明を試みてはいるが、名刀真守と直接関係あるものではなく、吉保側の史料の正当性を証明するには至っていない、と胡氏はいう。

　そして、彦根井伊家の史料「元禄十年八月廿八日、松平美濃守殿江指越候書物之留」（彦根城博物館所蔵）の存在を挙げる。これは、大老井伊直興に吉保が井伊家の由緒書（来歴を記した書類）の提出を求めたために作成されたもので、当時井伊家は、吉保の真意を測りかねて大騒ぎをしたと伝えられている。その真意とは何だったのか。

　井伊家の初代直政は、家康の甲州経略に功績をあげたため、武田家の「赤備え」や遺臣七十四人を継承している。対する柳沢家は、清和源氏義光流武田支流だとされている。つまり、名門武田家につながる自らの系譜を再構築し、現在ある伝統的な秩序に、柳沢家をあらためて位置づけようとしたのである。そして、武田信玄が用いていた名刀真守は、名門を象徴するための必需品であり、座右とすべき大名道具であった、と分析されている。

　真守が、高松松平家に返却された時、鎺《はばき》に、柳沢家の家紋である四陽菱につながる花菱紋がきざまれていた。胡氏は、これが「吉保が主体的にこの名刀を所用した動かぬ証」であると述べている。

吉保が、武田家につながる縁を大切に思っていたことは間違いない。

武田信玄の玄孫にあたる信興が「零落の身〈落魄の体〉」であると聞き、下屋敷（六義園）に引き取っている。吉保の願いにより、信興は、元禄十三年（一七〇〇）十二月二十七日に、甲斐国八代郡五百石を与えられて寄合になり、同十四年九月二十一日には、表高家にとりたてられた（「楽只堂年録」）。

宝永四年（一七〇七）には、京都所司代の松平信庸を通じて、朝廷に武田信玄の贈官をはたらきかけている。ただこの時は、武家伝奏から、生存中に僧正になっている者に贈官した前例がないという理由で断られてしまったが……。また、吉保は、家臣に「竹田」は許可するが「武田」とは名乗らせなかったなど、様々なエピソードが伝わっている（「源公実録」）。

武田氏との縁を強調することは、綱吉政権期において、吉保の「新興大名」という、最大のコンプレックスをフォローする第一の要件である。そのため井伊家に問い合わせ、その歴史のなかに、柳沢家を見出そうとしたのであろう。

そうはいっても、吉保は、積極的に頼常から刀を取り上げたのだろうか。

この刀は、柳沢家の権威付けだけでなく、綱吉政権期に高松松平家を窮地から救う役割も果たしていた点も忘れてはならないだろう。そのため、心情は別として、高松松平家側から吉保へ刀の贈呈を申し出た可能性は否定できない。

返却にいたっては、吉里に代替わりしている時期であるため、すでに柳沢家は、将軍側近の立場ではなく、ことさらに武田家の血を引く存在であることを強調する必要性はなかったのではないか。将軍の代替わりで力を失った柳沢家にとって、将軍家一門である高松松平家と良好な関係を築き続けることは、これ以上家の立場を悪くしないために重要なことであり、高松松平家の事情を察して、柳沢家の方から返却を申し出たとも考えられる。

本書で明らかにしてきた「慎み」の吉保像からは、権勢を笠に着て、頼常から刀を奪ったようには考えられないのである。思いがけず手に入った武田家ゆかりの名刀に、吉保は心から喜び、万感の思いで花菱紋を刻み付けたのではないだろうか。

どちらにせよ、一次史料からその実態を知るすべはない。真実を知っているのは、この刀のみである。

武田二十四将図(柳沢吉里画、財団法人郡山城史跡・柳沢文庫保存会所蔵)

権威への思い

家格が重んじられる当時の武士の社会において、柳沢家が「新興大名」という「成り上がり」であることを気にしていたのは、吉保自身ばかりではなかった。

宝永元年（一七〇四）十二月二十一日。綱吉は、常日頃の吉保の勤めぶりに満足していることと、昨年末以降、綱吉の養子に関することを一人で、落ち度なく綱吉の考え通りに整えたことに、大いなる感謝の意を表した。甲府藩主の徳川綱豊（のち家宣）を綱吉の養子とする手続きを、吉保が遂行したのである。そして綱吉は、次のように続けた。

「これによって、甲府の事は、中納言（徳川綱豊）の領地であり、その上考えもあることとなので、ほかの者へ下さる場所ではない。その方にとっては、先祖の国であり、心から親しく〈御心底安く〉召し仕っているため、考えの上、下賜する」

綱吉は、書付を袂より出し、「この書付の高に、仰せ付ける」とおっしゃって、御手ずから御渡しになった（『楽只堂年録』）。

第二章でも登場した、三万九〇〇〇石加増の上、甲府に領地を与えられた際の記事である。甲府藩主であった徳川綱豊が綱吉の嗣子となり西丸入りしたあとを、吉保に与えたのである。それまで甲府は、江戸時代になってからは、徳川一族しか与えられたことのない、特別な領地であった。それを与える根拠として、綱吉は、吉保の「先祖の国」、つまり武田氏の血を引いているから、という点を挙げているのである。

また、宝永四年（一七〇七）九月四日に、吉保父子に、長刀を携える許可が出た際には、次のようなやり取りがあった（「楽只堂年録」）。

綱吉「吉保・吉里の供に、長刀〈打物〉を持たせなさい」

吉保「そのようなことは、一つでも少ないことを願っております。この上にも、長刀を持つことは、格式のあることですので、たいへんな厚遇〈結構らしく〉に見えます。吉里だけにして下さい。私は、ご辞退させていただきます」

綱吉「吉保が持たずに、吉里だけが持てば人々が怪しむであろう。かつ、良い待遇であることは、苦しゅうない。私も庶流ではあるが、新田の血脈を継いで、今日天下を統治しているのだ。系筋は細くても絶えないものである〈御庶流なれども、新田の血脈を継せ給ひて今日天下の仕置を聞こし召し給ひぬ、系筋は細くても絶えぬ者也〉。

吉保も庶流であっても武田の後胤なのだから、長刀を持つことは、遠慮するには及ばない。父子ともに持つように」

吉保「ありがたいことです」

なお、綱吉の発言に出てくる「新田の血脈」とは、徳川将軍家の始祖伝承のことである。つまり、徳川家の出自である松平家の初代親氏が、清和源氏である新田氏の一族上野国新田荘世良田得川郷の住人得川義季の八代目の子孫とされているため、家康は新田系の清和源氏であるから、征夷大将軍に任じられた、という言い伝えを指す（「東照宮御実紀」）。

長刀の携行の許可が出たのは、大老をはじめ譜代大名にも例がなかったので、「武田の家筋を考えてのことだろう」と、当時、世間でも言われていた（「源公実録」）。

この例外的な扱いは、いくら武田の子孫だという理屈を付けても、吉保の心配通り、異論も出ていたようだ。八代将軍吉宗政権期に活躍した儒学者の室鳩巣が伝えるところによると、老中の小笠原長重が、綱吉に次のように述べたという（「兼山秘策」第六冊）。

甲府城を下されるのも長刀の携行を許可するのも適切ではありません。甲府は「預城」ですから、取り上げることもできますので、それもありかもしれません。しかし、長刀については、御一門にも諸大名にも許された者のないほどの重いことでございますので御無用にすべきです。

もちろん、小笠原の進言が取り上げられることはなく、吉保は長刀を拝領するが、この件で小笠原は綱吉の機嫌を損じてしまった、と鳩巣は述べている。そこには、これまでの秩序を守ろうとする老中と、その中に吉保を組み込もうとする綱吉の対立があった。綱吉による吉保の権威付けはそれだけではない。元禄十四年(一七〇一)十一月二十六日の吉保邸御成の際、吉保と吉里に諱の一字「吉」と「松平」の称号を授けている。

父の安忠は、幼少の時より大猷院様(家光)の御付となり、数十年来御奉公をし、吉保は若輩より、上様にお仕えして、学問の御弟子に仰せ付けられてからすべて思し召しに叶い、実直に勤めた事により、次第に御取り立てになり、奉公人の手本とされた。今日、松平の御称号、並びに諱の一字を下されて、「今後は、親族と思う」

とおっしゃった。次に安貞を召して、同じく諱の一字と御称号を下さる。「若年であるので、殊更に幾久しくめでたい」と仰せになった。吉保はこの時まで、「柳沢出羽守保明」と申していたが、御前にて改めて「松平美濃守吉保」と名乗る。「柳沢越前守安貞」も「松平伊勢守吉里」となった（『楽只堂年録』）。

この時、「出羽の名は、改めるには及ばない」との上意があったが、吉保は「御一門に松平出羽守様（綱近、松江藩主）がいらっしゃいます」と辞退し、「美濃守」と願い出た。その時に「松平」の国名の空きが「美濃」よりほかになかったためで、綱吉より「美濃はよい名である」と上意があったという。

ほかにも、葵の紋を許されるかどうかについて、綱吉が内々に吟味をしたこともあったといい、保科正信（会津藩主）が、格別の家柄のため、松平を称した時に同時に紋も許されたという事例しかなかったので、さすがに吉保には許可されなかったとのこと（『源公実録』）。

これらのことについては、綱吉が、吉保を寵愛するあまり、前例のない地位に引き上げようとした、というのがこれまでの解釈であった。しかし、それだけではないだろう。

綱吉は、吉保に我が身を重ねていたのではないだろうか。綱吉は、長兄の四代将軍家綱に跡を継ぐべき男の子がいたならば、二番目三番目の兄の死がなければ、将軍職に就くこともなかった。いわば生まれながら将軍になるべくしてなったわけではなかったのである。この時、大老酒井忠清が、五代将軍として、京都から有栖川宮幸仁親王を迎えようとした説（宮将軍擁立説）があった。現在ではこの説の信憑性はかなり低いとされているが、このような説が伝えられるほど、綱吉の将軍就任はゴタゴタしていたといえよう。

また、綱吉が家綱の養子に決定した際、その子の徳松は館林二五万石を継ぐことが公表された。それは、綱吉に求められていたのが、中継ぎとしての相続であったことを意味する。実はこのころ、家綱の側室が懐妊していた。結果は死産だったが、そのことにより今後病気さえ治れば、家綱に男児が誕生する可能性があると考えられたために、綱吉に与えられた将軍職は、永続性がないものだったのである（福田千鶴『徳川綱吉』）。そんな綱吉にとって、自分が将軍職に就くことがいかに正統であるかを自他ともに認めさせる何かが必要であった。それが、強い「権威」であり、それこそが綱吉の個性的な政治の原動力となったと考えられる。

綱吉は、譜代大名でない、つまり正統ではない吉保に、庶流ではあるが新田の血を引いているからこそ天下を治めている自らの姿をオーバーラップさせ、それを乗り越える権威をつけさせようと、腐心し続けたのではないだろうか。

しかし、それにも限界があった。

吉里への思い

「源公実録」に、次のような一節がある。

現在の国持大名は、もとは権現様（家康）の朋輩で肩を並べていた方々なので、西国大名の参勤の際には、品川まで老中をお迎えに出すのである。甲斐守（吉里）はその扱いを受けている、それは過去にない例である。

一見、昔は徳川家康と肩を並べていた現在の国持大名と、吉里が同等に扱われていることを、誇らしく思っての記述にみえる。しかし、これには、もう一つの真実が含まれていた。同じく、「源公実録」より。

老中の秋元但馬守殿（喬知）が、保山様（吉保）に次のように言った。

「伊勢守殿（吉里）は、正月は国持大名が二日に御礼の登城をされますので、同じく二日にいらっしゃるのが良いのではないでしょうか」

それを聞いた保山様は、

「なるほど、ごもっともではありますが、年始は一日も早くお目見えをしたく存じます」

と述べたところ、元日に登城することに決まった。

この記事の末尾には「永慶寺様（吉保）の御本心は、譜代から離れたくないとのお考えだったと、お察しします〈永慶寺様御心底は御普代御はなれ遊ばされざる御思召と憚り乍ら存じ奉り候〉」とある。一六〇石からスタートした柳沢家にとって、まだ部屋住の吉里が、国持大名と同等に扱われることは破格の待遇である。しかしながら、それは吉保が綱吉政権で譜代扱いを受けていても一代限りで、次の政権では吉里が幕府政治に関わることができない外様大名として扱われることも意味していた。綱吉が付与してくれた権威は、綱吉の側近である吉保にとって、当然綱吉の時代にしか有効ではないのである。実際吉里は、元禄十四年（一七〇一）十二月二十一日に「外様四位の年臈《ねんろう》の次第」に従うよう申し渡されており、同十五年十二月一日に侍従に叙任された時にも外様大名の順次に従うように言われている（『寛政重修諸家譜』）。

吉保は、次世代の吉里に、現在の自らの位置が継承されないことを十分に理解しながらも、秋元の指示にソフトな形で抵抗を試みたのだろう。

吉保は、より良い形で吉里に家督を譲れるように、準備を整えていた。例えば、いずれ国持大名となるのだからと、留守居を設置し、留守居仲間に入ることを考え、将軍側近の松平輝貞に、相談を持ちかけている。留守居とは各藩の渉外担当者のことで、留守居仲間とは同等の格の藩で構成された、幕府への対策などの情報を共有する組織である。輝貞は、現在必要がなくとも、この後、年月が経過してから入るのは難しいので、今入っておくべきだ、とアドバイスしている。そこで吉保は、親しくしている津藩主藤堂高久と熊本藩主細川綱利に依頼し、両家の留守居の世話で仲間に入ることができた（「源公実録」）。

その時の細川綱利から藪田重守にあてた書状の一部を紹介する（宝永元年〔一七〇四〕

七月二十一日付)。

さて、伊勢守殿(吉里)の留守居のこと、先日承りました。私どもにおきましても有益なことでございますので、大変喜んでおります。私どもの留守居の者たちにも腹蔵なくお世話するように申し付けてございます。

——然らば伊勢守殿御留守居の儀に付き、此間承はり申し候、此方の為にも能く候て、別て太慶仕り候、拙者方の留守居の者共にも随分腹臓無く申し談じ候様にと、申し付け候、

吉保が将軍側近として活躍している時期に、柳沢家の留守居が自分たちの組合に所属していることは、より迅速に正確な幕府の情報が把握できることを意味する。綱利側も自分たちのためにもなると、喜んで世話をしている様子がうかがえる。

また、吉里への心強い存在となるのが、婚姻関係で親族となった有力な大名たちである(福留真紀『名門譜代大名・酒井忠挙の奮闘』)。

吉里の正室には、酒井忠挙の娘槌姫(頼姫)を迎えている。忠挙は、越後騒動再審により、父酒井忠清の罪を問われ一時期逼塞となり、綱吉の心証を害していた。そのため、

再び幕府政治の表舞台に立つことを望んだ忠挙にとって、吉保は頼りとすべき存在であった。そして、柳沢家にとってみれば、忠挙が当主である「酒井雅楽頭家」という名門譜代大名から次期当主の正室を迎えることは、箔をつけることになった。

柳沢家が、縁組の申し込みをしたのは、元禄十年（一六九七）八月二十八日。その翌日、忠挙は、親族で京都所司代の松平信庸（忠挙妹彦姫の夫。ただし、彦姫は貞享三年〔一六八六〕五月二十八日に死去）に手紙でこの縁談を報告しているが、その中で「あちらからのご意向でもらいたいとのこと〈あの方より思し召し寄り御もらゐ成さるべしとの事〉、本当に大慶の至りです」と記している。

柳沢家の方からの申し込みに、忠挙は大いに喜んでいる。しかし、『松蔭日記』では、だいぶ印象が違う。

そのころ、「厩橋の侍従（酒井忠挙）」とおっしゃる方が娘さんをお持ちで、たいそう大事にお育てになっていたのが、ぜひ吉里殿を婿に、とお望みとのことをお聞きになった。そこで、由緒のある家となると、まずこちらがふさわしいのではないかとお思いになられたのである。

――その頃まや橋の侍従と聞えさせし、御むすめもたせ給て、世になくかしづき給ふが、せちに心よせ給へると聞しめして、さるかたにゆへ〳〵しき家のかぞへには、まづこれをや、などおぼしよる。

こちらは、酒井家側が熱心に申し込んできたので、それに応じたかのようである。それぞれの立場から書いたための、相違がおもしろい。ただ、柳沢家が「由緒のある家」の娘さんを求めていたことは間違いないようだ。

この縁組の影響からか、十一月三日、御講釈拝聞のため登城した忠挙に、江戸城が火災の際には、嫡男の忠相《ただみ》が登城するようにとの上意があった。十一月十四日には、忠挙は、綱吉の吉保邸御成の勝手詰を勤め、この日、吉保邸で二人の縁組が綱吉より正式に許可された。その時の様子は次のようである（『松蔭日記』）。

かねてからみなが望まれていたことなので、非常にうれしく、ことが成功したように喜び、お礼を申し上げられた。

――かねて、みな、おぼしよる御ほいにて、いとうれしく、ことあひたる様によろこび給ふて、かしこまり申奉り給ふ。

まだ若いということで、実際の婚儀が行われたのは、二人が十八歳になった元禄十七年（一七〇四、三月十三日改元　宝永元年）一月二十八日であった。

また吉保は、藪田に、松平輝貞と黒田直重を相婿（妻が姉妹である夫同士のこと。この場合は、輝貞の妻は吉保の養女市子、黒田の妻は同じく吉保の養女土佐子）にしてくださったことは、綱吉の配慮によるもので、大変ありがたかったと内々で話していたという（「源公実録」）。

黒田直重のことは、学問もでき、その上、人柄も素晴らしいことは、そなたたちが知っての通りである。吉里・経隆（吉保四男、生母は正親町町子）・時睦《ときちか》（五男、生母は同上）の将来のことをお願いしたところ、「厚恩を賜っておりますので、御頼みになられなくともできることはさせていただくつもりでした。ましてや御頼みを受けましたので、全く御心配には及びません」とおっしゃった。その方をはじめ、このことを心得ておくように。

頼もしい限りである。また、宝永期に成立した、養女幾子と大久保忠英の縁組についても感謝していたという。第二章で紹介したように、家宣政権期への代替わりの際に、高上げを願い出た時、忠英の父でそのとき老中であった大久保忠増が助力してくれている。この時の吉保には、すでに将軍側近としての政治権力はなく、大久保の援護は、婚姻関係があったからこそのものだった。

吉保の婚姻による人的ネットワークは、諸大名に将軍側近との太いパイプをもたらしただけでなく、吉保にとっても権威付けと次世代への保証というメリットがあったのである。

柳沢家の矜持

これまで、新興大名という最大で動かしがたいコンプレックスを乗り越えるための、他者とのかかわりにおけるいくつかの方法を検討してきた。ここでは、柳沢家自身の覚悟についてみていこう。

常憲院様（綱吉）は、自分で決め難いことについては、紅葉山の御神前で籤により伺ったうえで、御決定になられたということだ。永慶寺様（吉保）は、密かにその御意志を御承知になっていた。こちらの家を結構に扱ってくださっている件も、籤で伺った結果であると、永慶寺様はそれとなくおっしゃっていたように承知している（「源公実録」）。

綱吉は、判断がつかないとクジで物事を決めていた——と読むと、「なんてイイカゲンな！」と、トンデモナイ話になってしまうが、そうではない。これは、ただのクジではないのだ。

綱吉は、江戸城内の家康の霊廟前（紅葉山の御神前）で、お伺いをたてていたのである。その結果、吉保を大切に扱ってくださることが決まった、ということは、吉保を重用するのは権現様、つまり神格化された家康の意志ということになる。幕府に仕える者にとって、それは最高の御墨付きである。このことは、吉保の確固たる自信の源になっていたのではないだろうか。

また、家中をより良いものにするために、優秀な人材をそろえる努力も怠らなかった。破格の出世をしたということは、それに伴い多数の新しい家臣を雇い入れなければならないことを意味しており、人材登用は、非常に重要な問題であった。

吉保が一万石加増された際、浪人を召抱える掛りとして家老の村田斎院が命じられ、そのあとは、藪田重守が職務を受け継いだという。採用の基準としては、「新興大名〈御取立之家〉」であるので、格式や所領目当ての者は断り、どうしても召し出して欲しいと望む者を採用することとした。

綱吉の生母桂昌院の弟本庄宗資は、他家で重く用いられていた者をヘッドハンティング。将軍側近の喜多見重政は、新参者に朝夕の給仕をさせて様子を見たとのこと。それに対して吉保は、綱吉から拝領していた檜折の御菓子などを、そのたびに手ずから与え、面接したという。吉保は、「浪人吟味は、世間でも間違いがあるものだと聞いている。いい加減にならず、間違いがないよう、極力念を入れなさい。主家を決めるということはその者にとって大変重いことである。そこをよく心得て、大切に考えるように」と述べられたとのこと。

また、武芸者や医師は別として、老中から頼まれた者を召し抱えることを禁じている。一人から頼まれて採用してしまうと、ほかの老中から頼まれた時に断れなくなってしまうからだという。コネ採用を許すと、当人の吟味ができなくなってしまうからだろう。

しかし、この場合は別の理由もあったようだ。この部分に続けて、老中から家の内情を見られないよう心得ることを家臣たちに指示している様子が記されている（「源公実録」）。老中のつてで採用すると、その者から柳沢家の内部を老中に知られることを恐れていたのだろう。将軍側近と老中との間の緊張感がうかがえる。

新興大名であることは、変わらない。だからこそ、後ろ指をさされることのない立派な家中をめざす吉保の覚悟が伝わってくる。

この吉保の新人採用のやり方を後世高く評価した人がいた。第二章でも紹介した、京都町奉行与力の神沢杜口である。

杜口は、新しい家には、軍制も譜代恩顧の家臣もいないのだから、まずこれらを作り上げることが重要だという。そして、新しく家臣を抱える際には、よく吟味をして、権勢がある家だということでやって来る者は排除し、文武に優れた者を抱えるという方針を持つこと。そうすれば、主人の名前で儲けようという「山師〈山こかし〉」のような者は怖れて近づいてこないという。

それが成功した例として、柳沢家を挙げる。由緒がある浪人や、文武に優れた者を抱え、現在でも文武を重視し、軍事を忘れない家風であると聞いている。畳の上の働きだけで、軍事のことを研究しないのは、武士としての根本の掟にはずれる、と。

軍事については、「源公実録」に「武芸を第一に遊ばされ候事」という項目があるほどで、杜口の言うように、吉保は非常に熱心であった。プロローグで紹介した狩野常信が描いた三幅の肖像画の一つが、文台に軍令を載せている構図であったことも、これを象徴しているのかもしれない。

吉保は、物頭の弓を見分し、家老や年寄たちには、御前で具足を着用させた。中でも乗馬は、達者でないと人前で恥をかくばかりか、火事の時に役に立たないとして、特に重視している。吉保自身も、月に二、三度馬場に出るほどで、飼料についても自ら馬役の者に直接意向を伝え、冬になると引馬に綿入れふとんを着せるなどして、大切にした。家臣が、乗馬の稽古にケガや病気で参加できなかった場合は、その名を御次の間の柱に張り出し、稽古が済むと名札を取らせたとのこと。おかげで、家臣はみな乗馬はもちろんのこと、その他の武芸も励んだという。もちろんそれは家老の藪田も同様で、たびたび馬の遠乗りや、時には雪乗りをしている。災難だったのは、もう一人の家老平岡資因で、吉保は彼が痔病を患っているのを知りながら、「宇右衛門（平岡資因）は、万事よくやっているのに馬嫌いには困ったことだ」と度々口にしていたという。

話を元に戻そう。杜口は、吉保について次のように述べている。

何といっても、柳沢の始祖が、度量が広かったのである。この人の行状は、こせこせした策略に満ちていたが、そうはいってもこのような人材登用策は、道理の外のすばらしさで、愚か者の論理の及ぶところではない。

——何と云ても柳沢の鼻祖寛量なり、此人の行状は小刀細工なり、去ながら、斯る登庸の人には、理外の妙有て下愚の論及べからず。

行状については、後世のありがちな吉保評だが、登用については大変褒めている。

実は、この文章は、『翁草』の中の「田沼家衰微」の一節である。衰退した田沼家を論じるために引き合いに出されているのだ。

この史料に注目して田沼意次を分析されているのが、藤田覚氏である。ここで氏の研究を簡単に紹介したい。というのも、田沼の分析から、吉保がより見えてくるからだ（藤田覚『田沼意次』）。

田沼家家老の井上寛司は、百姓身分の出身、といわれ、同じく三浦庄司は大百姓の子供であった。そして、田沼意次の息子で若年寄の意知を斬り、当時、「世直し大明神」とたたえられた佐野善左衛門の斬奸状に、「大名や旗本の家で法度を犯し、追い出されたような者をよく調べもせず雇っていたため、諸家から侮られた」とあるのだ。田沼家の家臣たちは、文武に疎いか、未熟だと思われていたようだ。そのため、天明七年(一七八七)に五万七〇〇〇石から一万石になった際に、大量に出た田沼家の浪人を、ほかの大名家は召し抱えようとはしなかったという。

もちろん、吉保の生きた綱吉政権期は、越後騒動で改易された高田藩の松平家をはじめ、天和二年(一六八二)の明石藩の本多家など伝統ある大名家をいくつも取りつぶしており、浪人も多く、そこから優秀な人材をセレクトすることが出来たが、田沼の時代には、そのような環境がなかったことに原因があることも否定できない。ただし、それでも田沼家が侮られた原因には、急激に出世して大名となった田沼が、幕府政治に邁進、没頭するあまり、大名家としてのわきまえを疎かにしたところにもあると、藤田氏は分析している。

吉保の、自分自身や家臣のふるまいに細心の注意を払い、優秀な人材を探すために努力した行為は、大名とはどうあるべきか真摯に問い掛け続けたと、言い替えることができるのではないか。田沼との、大きな違いが浮かび上がってくる。

そして、もう一つ。田沼は当時、「はつめいの人」と言われていたという。一方、吉保は、「はつめい〈発明〉」には「実」が無いとし、そう見えないように「慎む」ことを自身にも家臣にも課していたのではなかったか。

柳沢家の矜持である。

届かぬ思い

しかし、吉保の本意は、世間には伝わらなかった。

家宣が六代将軍に就任後のある日。綱吉の側室で、鶴姫・徳松の生母である瑞春院（於伝の方）を、吉保が訪ねてきた。最近、綱吉のころの政治のやり方が改められてきていることを色々申し上げたうえで、次のように切り出した。

吉保「近年、ある御徒《おかち》の者が、深川で魚釣りをし、生類憐みの法を犯して、流罪になっていました。しかし、この者を御赦免にしただけでなく、この前の寛永寺の御参詣のお供まで勤めさせていたのです。これは、あんまりなことだと存じます」

これを聞いた瑞春院は、急に言葉を改めた。

瑞春院「さては、そなたは近年の常憲院様（綱吉）の御政道をもっともなことと思っていたのか。このようなことは、すべてそなたがしたことではないか。この度、段々とお改めになられているのを、かえってそのように考えているなどとは聞きたくない」

吉保は、返す言葉もなく退出した。その後、女中を通して、「今後、用があればこちらから呼び出す。その方から来る必要はない」との瑞春院の意向が伝えられたという。

綱吉政権期の施政が、新将軍によって否定されている今、吉保は、瑞春院と綱吉の時代を懐かしみたいと訪ねてきたのだろう。しかし、瑞春院の反応は吉保の予想外のものだった。吉保は、絶句して退出しただけでなく、その後、追い討ちをかけられるように、実質的な出入り禁止を言い渡されたのである。

このエピソードは、室鳩巣の書簡集「兼山秘策」第五冊にみるもので、鳩巣がその場に同席していた知人の医者から聞いた話である。

吉保が、隠居後、昔を懐かしむために瑞春院を訪ねたということは、綱吉時代は、瑞春院にその御政道を批判したり、吉保を疎んじたりする様子はみられなかったのだろう。吉保は、自分の思いに、瑞春院が大いに共感してくれると信じていたに違いない。しかし彼女は、政権が代わり、綱吉時代の政治手法について、世間の風当たりが強いことを目の当たりにして、態度を変えていた。綱吉の側室という立場からも、綱吉の政治が否定される原因は、綱吉ではなく、その側近である「柳沢吉保」にあるとみなし、怒りの矛先を、吉保に向けたのではないだろうか。

それまで世間の評判とは一線を画した立場にいた前将軍の側室が態度を豹変させるほど、新しい政権および世間の吉保批判は激しかったと考えられる。プロローグで述べた、「悪評の生まれ方」そのものである。

吉保は、どれほどショックだっただろうか。

綱吉の側近であったことから、はからずも諸大名に対して権力を持つ存在になってしまった。大名にとって、新興大名の吉保は、これまでの階層秩序を乱す存在である。それをよく理解していたからこそ、家臣たちのふるまいに細心の注意を払い、慎み深く自らを律し続けたのである。

しかし世間の評判は、綱吉の側室であった瑞春院でさえも飲み込み、吉保の思いをあっさりと吹き飛ばしてしまったのである。

「悪役」。それが柳沢吉保の宿命であった。

エピローグ——柳沢吉保と「忠臣蔵」

私と「忠臣蔵」

本書を執筆する際、編集者氏に「忠臣蔵にもぜひ触れてください」と言われた。「忠臣蔵」は、私にとって江戸時代に興味を持つきっかけの一つとなった事件である。父に勧められて、小学生の頃に見た、日本テレビの年末時代劇がきっかけだった。見終わって、「なぜ、家族や恋人を置いてまで、お殿様のために死んでしまうのだろう」そんな疑問が頭の中をグルグル回っていたのをよく覚えている。

その翌年、NHK教育テレビで、歌舞伎「仮名手本忠臣蔵」を見た。中でも四段目「塩冶館」の最後の場面で、十三代片岡仁左衛門の演じる大星由良之助が、主君の腹切刀を無言の涙でじっと見つめ、仇討を心に誓う場面が、子供心にもグッときた。

中学生の時、十二月十四日が日曜日だったので、父に泉岳寺に連れて行ってもらい、高校生の時には、「現代社会A」の授業で先生の提示した五十のテーマから「忠臣蔵と日本人」を迷わず選び、レポートを作成した思い出がある。

大学生の時に、山本博文『殉死の構造』（弘文堂、一九九四年）を読み、「なぜ主君のために死ねるのか」その疑問が、案外あっさりと解け、目からうろこが落ちる思いだった。

大学の教壇に立つようになって、「忠臣蔵」は、「武士とは何か」を論じるのに格好の材料となり、講義に度々登場させている。

だからといって、私が、「忠臣蔵マニア」だったかというと、そうでもなかった。「忠臣蔵」は、きっかけの一つかもしれないが、その謎を解こうと史学科をめざしたわけではない。特に大学入学以降は、「忠臣蔵」を題材としたドラマや映画、小説からはすっかり遠ざかった。しかしながら、なぜか「忠臣蔵」は折にふれて、私の前にあらわれるのだ。そして今回も……。

編集者氏が言うには、「柳沢吉保といえば、忠臣蔵は外せない」とのこと。正直、すぐにはピンとこなかった。私が見たあのドラマに登場したかしら？

結論からいえば、吉保が、あの事件にどのように関わったかわかる一次史料は、見当たらないのである。そのため、昨今盛んになってきている、歴史研究者による史実としての「赤穂事件」の分析に吉保が登場することは、まずない。

そんな話をすると、編集者氏は、大佛次郎の『赤穂浪士』（新潮社）を示した。そこには「忠臣蔵」のキーパーソンの一人としての吉保の姿があった。それによると……。


吉保たちの努力で、制度は完備し、士道に代って吏道が漸く行われるようになった。武士も昔と違い、武力をたよらずとも自然と人に尊敬せられるようになる。天下は、かくの如く泰平に、文化の花はひらき、四民は鼓腹しているのである。このようになってこそ、昔の、已むを得なかった戦火にもそれだけの意義が生れるわけであって、闘争そのものだけでは、ただ野蛮な征服関係があるばかりで、その中に天下の進歩は認められないわけなのである。この復讐という、国法の規律の外に武力に訴えて一片の意地を遂げる行為は、折角これまでおさえて来た原始的能力が、再び起《た》って文明に挑戦し、世間の進化に逆行しようとするにほかならない。怖るべき反動である。これによって天下の自然な歩みが再びおくらされるのである。

吉保が危虞《きぐ》したのはこれだった。そのために、内匠頭の厳刑を当然とし、その遺臣たちの策動を防ごうとしたのである。

このように、大佛次郎の描く吉保は、新しい官僚政治の体現者として登場し、浅野内匠頭長矩や大石内蔵助良雄が実践した、古くからの武士道と対立する存在として描かれている。

この作品に限らず、「忠臣蔵」をテーマとしたドラマや映画、小説の中で、吉保は赤穂浪士たちと対立する悪役として登場することが多いようだ。

それでは、実際はどうだったのか。

最後に、吉保と史実としての「赤穂事件」との接点を見出すことができる三つのエピソードを紹介して、筆を置くことにしたい。

エピソード①　赤穂城請け取りと吉保

浅野長矩が吉良義央に切りつけた元禄十四年（一七〇一）三月十四日から二週間後。柳沢家家老藪田重守が、国元にいた高松藩主松平頼常から受け取った三月二十八日付の書状の末尾には、以下のように書かれていた。

浅野内匠頭は、狂気のようなふるまい〈乱心同然の仕形〉だったのですから、処罰を受けたのです。浅野の領地はあまり遠くありませんので、早々に家来たちの様子もわかりました。特に変わったことはありません。ついでながらお伝えします。

続く四月九日付の書状には、次のように記されている。

浅野内匠頭の家来も現在のところ、静謐にしているとのことです。道理の無い処罰ではなかったのですから、変事が起きるとは思いませんが〈御むりの御仕置にて御座無く候へば、違儀に及び申す筈は御座無く候へ共〉、備前岡山藩では、国境まで大勢の家臣を出しており、姫路からも室津まで少し兵を出されているとお聞きしました。

三月の書状といい、浅野が乱心したため、切腹させたことについては正当だったと強調しているところは、幕府への配慮だろう。第四章でも紹介した頼常の立場からして、幕府や吉保へのヨイショは、必要不可欠であった。実際は、頼常が正当という割には、隣接藩である岡山藩の池田家や姫路藩の本多家では兵を出しており、情勢はだいぶピリピリしているのだ。四月十九日に赤穂城引き渡しとなるので、この書状の出された時期は、改易と決まった赤穂藩がどう出るか、幕府をはじめ周辺諸藩が警戒していたのが実情だろう。ほかにも、岡山藩は赤穂藩に隠密を派遣しているし、明石藩主の松平直明は、参勤交代の江戸への出発を予定していたが、赤穂の様子次第に変更したという（赤穂市総務部市史編纂室編『忠臣蔵』第一巻）。頼常は、自分の領地である高松から赤穂までは、船で十六里ほどの距離であり、しかも現在国元にいるので、何でも用事を言いつけてほしいと、述べている。

四月二十日付の口上書によると、頼常は、沖合に遣わしていた家来より、脇坂安照と木下㕩定《きんさだ》が、十八日に赤穂に到着し、十九日に城請け取りが滞りなく行われたとの情報をつかんでいる。沖合から直接柳沢家に知らせようと考えていたものの、変事がなかったため、老中の土屋政直に報告の書状を送ったとのこと。なお、沖合に家来を遣わした目的は、「浅野内匠頭が処罰を受けた結果、その家臣たちが何か願い出るのではないかと聞いていたため、詳しい情報を得るため〈浅野内匠方御仕置に仰せ付けられ候、夫に就いて家来共何か願の儀、これ有るの由承り候故、委細様子承り度存じ候〉」だったと述べている。

この時頼常は、家臣たちを小豆島の吉田浦に派遣していたという。また、赤穂藩に秘かに調査に入った者の中には、高松藩の書院番頭で大石良雄の親族である大石平内という人物がいたとのこと（「高松松平氏歴世年譜」）。他にも領境や海上には、岡山・姫路・明石藩のほか、徳島・丸亀・松山藩も兵を配置し、警戒に当たっていたという（『忠臣蔵』第一巻）。

藪田の返書が現存していないため、わからない部分もあるが、全体を通して頼常の手紙を読むと、吉保からの依頼で赤穂の情報を提供しているというより、頼常の方から積極的に情報を発信しているようである。この背景には、三代将軍家光政権期に、松平頼重（頼常の先代）が高松に転封した際、将軍家の一門大名として、西国や中国地方の目付役としての役割が求められたことがある（胡光「『高松城下図屛風』の歴史的前提」）。それに加え頼常は、幕府への立場を良くしてくれた吉保に恩義を感じているからこそ、内々に吉保の家老のルートから伝える方法をとっていたと考えれば、吉保は、浅野の切腹直後から、はからずも赤穂藩の動静の情報をすみやかに把握することができていた、ということになる。

エピソード② 赤穂浪士切腹と吉保

「柳沢家秘蔵実記」という史料に、次のようなエピソードが記されている。

元禄の頃、浅野内匠頭長矩公の元家来、浪人者大石内蔵助をはじめ、朋輩四十六人が、吉良上野介義央公の屋敷に忍び込み、主君の仇として上野介を討ち取り、主君の菩提所の泉岳寺へ供養し、お上の御成敗を伺ったところ、細川綱利に十七人、毛利綱元に十人、松平定直に十人、水野忠之に九人御預となった。老中の阿部正武・土屋政直・小笠原長重・稲葉正往が評議の上、先例などを色々調べたところ、一同の評議の結果、右の者たちは、仇討の宿意があるとして、町人や日用《ひよう》人足の姿に身をやつし、ことさら深く人家に忍び込むなど、武士道にあるまじきやり方で、すべて夜盗と同じことであるので、それに従い、四十六人を討首とする、との結論に決まった。

永慶寺様（吉保）は、この頃御側御用人を務められており、非常に嘆かわしくお思いになったので、さしあたって先例もないので、そのままにしておいたけれど、退出の後もとにかく裁許のことが気になり、家臣の儒者である志村三左衛門、荻生惣右衛門の二人を召し、この裁許のことを内談し、日本であればなおさらよいのであるが、外国でもかまわないので、このような例は見当たらないだろうか、と尋ねた。しかし、志村は老齢の学者だったからか、「このようなことは歴代にも聞いたことがありませんので、例はございません」と申し上げた。若輩であるが「惣右衛門はどうか」とのお尋ねだったので、荻生は、「評議をなさった方々は、些細なことに囚われて、大要のことが見えていないように思われます。すべて物事というものは大要のことでは、些細なことは頓着しないとの聖人の教えでございます。当時、忠孝の道は、上では政務の第一とされていました。その考え方で臨めば、成敗を盗賊と同じ計らいにするとは、情に欠けます。忠孝を心がけてした者を、盗賊と同じ取扱いにするのでは、不義不忠の者については、どうすればよいのでしょうか。これにより、外国のことはまずは考えず、我が国の例をみるに、切腹とするのが、かれらの宿意も立ち、いかばかりかの世間への示しとなります」と申し上げた。

永慶寺様は殊の外、満足され、翌朝はいつもより半時（一時間）早めに登城され、以上のことを上聞に達したところ、常憲院様（綱吉）も非常に喜ばれ、評議は急きょ変わり、以上の者は切腹になり、内蔵助の息子吉千代をはじめとする十九人は、遠島を仰せつけられた。

吉保が、老中たちの出した結論に納得できず、赤穂浪士に罪人の汚名を着せないようにするための方法を模索したエピソードである。赤穂浪士を武士の最期にふさわしい「切腹」とする結論に一役買ったのが、「荻生惣右衛門」。彼こそが、この時吉保に仕えていた儒学者荻生徂徠である。

しかし、このエピソードには、疑問が投げかけられている（田原嗣郎『赤穂四十六士論』）。幕末に幕府の奥右筆（老中の秘書）を務めていた向山誠斎がまとめた『向山誠斎雑記』に所載され、よくこの時期の幕府の事情を説明する際に使われる「評定所一座存寄書」の内容が、これと全く逆なのである。

つまり、元禄十五年（一七〇二）十二月二十三日に老中から諮問を受けた寺社奉行・大目付・町奉行・勘定奉行ら十四人における議論では、浪士たちの行動は、真実の忠義であり、武家諸法度の「文武忠孝を励み、礼儀を正すべし」に該当しているとし、やむを得ず共謀したのだから、禁じられている「徒党」には当たらないのでは、という見解も出されており、赤穂浪士を庇おうとする意見が圧倒しているのだ。結論が出る一カ月以上前の議論とはいえ、老中の諮問機関の意見と老中たちの意見がここまで乖離しているのは、不自然ではないか、というのである。

しかし、この「評定所一座存寄書」は偽書ではないか、ともいわれている。その根拠は、この中に、吉良家の親族である米沢藩上杉家が、泉岳寺に兵を出さなかったことを咎め、領地召し上げも然りと書かれている点である。そのようなことになれば、「戦争状態」になるし（尾藤正英『日本の歴史19　元禄時代』）、『上杉家年譜』には、兵を差し向けることを考えていた藩主上杉綱憲に対し、処理は幕府に任せ、兵を出さないようにとの老中の命令が、高家の畠山義寧《よしやす》から伝えられたと記されていることから、幕府の指示に従った上杉家を咎めるはずがないという（山本博文『忠臣蔵のことが面白いほどわかる本』）。

真実はどこに？

そうなると、「柳沢家秘蔵実記」の信憑性がいよいよ注目される。これは、「坊間に流布せる実録躰小説の妄謬を弾呵《たんか》」するために編纂された『列侯深秘録』に所載されているもので（三田村鳶魚「緒言」）、「源公実録」の春・夏部分の写しであるが、ただの写しではない。この史料には、荻生徂徠の『政談』の記事が加筆されているのだ。そのことに加え、注記の内容から、宝暦二年（一七五二）よりかなり後に作成されたものであると考えられている（辻達也「『源公実録』について」）。そして、まさに赤穂事件のエピソードの部分が、本来の「源公実録」にはない加筆された部分の一つなのである。徂徠の門人と思われる人物により書き加えられた徂徠のカッコいいエピソード。それは、史料の信憑性を著しく損なうことになった。

吉保は、赤穂浪士の運命にどう関わったのか。その真相はやはり藪の中である。

エピソード③　吉良家の親族と吉保

柳沢文庫に所蔵されている藪田家文書の中には、紀伊家の家臣から曲淵軌隆《のりたか》（紀伊藩主徳川綱教の正室で将軍綱吉の息女鶴姫の用人）に宛てた口上書の写しがある。

それによると、紀伊家の光貞・綱教親子が米沢藩主上杉吉憲とその父綱憲に、不快感を抱いているという。両家は、光貞の娘が上杉綱憲の正室という姻戚関係にあった。

その理由として、元禄十六年（一七〇三）八月二十一日に、吉憲が上杉家の家督を相

四家の関係略系図

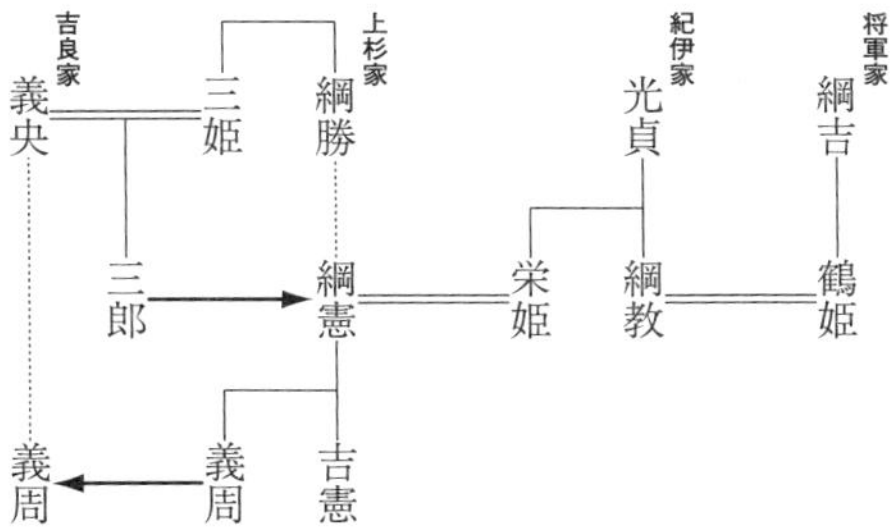

続したが、そのような重要な事について紀伊家に内々の相談が全くなかったことを挙げる。「よく考えなければいけない時期〈了簡も之有るべき時節〉」なのにも拘わらず、前もってこちらの意向を聞くこともないのでは、姻戚関係にある意味がない。このような対応をされるのであれば、これからは徐々に諸事届けなどを省略していき、ゆくゆくは付き合いを遠慮したい、とまで述べるのである。

「よく考えなければいけない時期」とは、何だろうか。上杉綱憲の実子で、吉良義央の養子になっていた義周《よしちか》が、赤穂浪士の討ち入りの際の対処が適切でなかったことを理由に、同年二月四日に諏訪忠虎に御預となった直後であることを意味しているのではないか。紀伊家としては、吉良家が幕府から処罰を受けて間もなくの時期に、親族である上杉家が相続の手続きを行うには、慎重に事を運ばなければならなかったと考えたのだろう。何といっても上杉綱憲は、吉良義央の実子であり、新藩主吉憲は、処罰を受けた吉良義周の実兄なのであるから……。

紀伊家は、相続のことを口実にして、評判が悪くなった吉良家と縁の深い上杉家とは、距離を置こうとしたのかもしれない。

この書状は、吉保とどのような関係があるのだろうか。書状のあて先である曲淵は、柳沢家の家臣と姻戚関係にあり、綱吉の吉保邸御成の際、たびたび勝手詰を勤めている。藪田家に書状の写しが残っていることから、曲淵が藪田に書状を持ち込んだと考えられる。つまり、この口上書は、紀伊家の家臣から曲淵、藪田を経て、将軍側近である吉保に渡され、最終的に綱吉に達したと考えられる。

紀伊家としては、上杉家との芳しからぬ関係が、よそから綱吉の耳に入ることは、何としても避けたかった。越後騒動再審の例に見られたように、諸大名は綱吉の厳しい大名への対応が身に染みていたからである。悪い印象を与えるなど、もってのほかのこと。そこで、内々に自ら吉保に実情を伝え、何らかの助言を受けようとしていたのではないか。

吉保と「忠臣蔵」

エピソード①③は、本書で見てきた、諸大名と吉保の関係性そのままに、赤穂事件の要素が入ってきたものであり、吉保の確かな横顔が垣間見える。一方、「忠臣蔵」の謎として最も知りたい②については、結論は出ていない。

残念ながら、吉保が、幕府の浅野長矩即時切腹の判断や、赤穂浪士の切腹の結論が出される過程にどのようにかかわったか、具体的に明らかにすることができる確実な一次史料は、現在見出されていない。赤穂事件に限らず、幕府における政治判断の過程で、将軍側近の内々での意見の吐露について、公式に書き残されることは考えにくい。その当事者の誰かが、私的に記しておかない限りはわからないし、そのようなものが現存している可能性はかなり低いだろう。

つまり、吉保が何を考え、どう行動したかという部分は、すべてドラマ・映画・芝居・小説の制作者のイマジネーションに負う部分であり、彼らの腕の見せ所になるのである。その中で、これまで吉保は、常に赤穂浪士の敵役として描かれてきた。吉保の場合、「柳沢騒動」のストーリーで、すでに江戸時代から一般に定着した悪役像があり、しかも、浅野長矩や赤穂浪士を処分する将軍綱吉の側近という立場にあることから、小説や芝居の制作者が赤穂浪士の敵役として設定するには、またとない人物だったのである。

そして、その「柳沢騒動」により培われた、吉保が政治全般の決定権を握り、老中までその傘下にあったというイメージから、浅野長矩の即時切腹や四十七士の切腹についても吉保がたずさわった、と考えることに、観客側も、疑問を持たなかったからこそ、吉保は、フィクションの世界で敵役として登場し続けてきたのではないか。

しかし、本書で明らかにしたように、実際の吉保の権力は、日常の政務ではなく、綱吉独自の政策の遂行の手足としてや、綱吉の執務・生活空間である「奥」の世界で発揮されていたのであり、老中の職務との明確な住み分けがなされていた。そしてあくまでもその権力は、綱吉の政治権力を背景にしており、吉保固有のものではなかった。とはいっても、吉保は、綱吉のイエスマンではなく、その気持ちに寄り添いながらも、問題があればとことん諫言する姿勢を持っていた。また、将軍側近という立場から、諸大名をはじめとする周囲の人々へ与える大きな影響力や、彼らからの厳しい視線を自覚しており、自分自身だけでなく家臣にも「慎み」の姿勢を大切にさせ、行動を律していたのである。

そんな吉保の振る舞いにも拘わらず、彼が新興大名、つまりこれまでの階層秩序を乱す「成り上がり」であったために、吉保の思いや姿勢を、世間が素直に受け止めることはなかった。吉保は、日本人が愛する忠臣蔵のストーリーの中で、ますます「悪役」イメージを確固たるものにしてしまったのかもしれない。

そもそも歴史小説や芝居というものは、歴史上の人物や、舞台とする時代の枠組みの中に、それらの作品が制作された時代の考え方を投影させているものである。だからこそ、その時代を映す「忠臣蔵」が常に生み出されて、これからも姿を変えながら描き続けられるだろう。それは、今後もフィクションとして私たちを楽しませてくれるにちがいない。

しかしこれからは、そのフィクションの中の「悪役」そのものの吉保とは別の、「実」を重んじ「慎み」に生きながらも、「悪役」の宿命から逃れることのできなかった、リアルな柳沢吉保の横顔にも思いを馳せていただけたら、幸いである。

あとがき

本書を書き上げ、初校を待っていた三月のある日、私は、はじめて長崎孔子廟（長崎県長崎市大浦町）を訪れた。

儀門《ぎもん》と呼ばれる正門をくぐると、大成殿の前で太極拳をしている人々の姿があった。両廡《りょうぶ》（左右の回廊のこと）に歩を進める。壁面の大理石には論語の全文が記されていた。

――中学の国語の時間に、論語の暗唱テストがあった。授業で習ったように「し、いわく」と家で声を出して教科書を読んでいたら、父に、「自分は中学時代に、孔子の述べられたところは「いわく」でなく「のたまわく」と読まなければならない、と漢文の先生に教わった」と訂正されて、困ってしまったことがあったなあ。――

懐かしく思い出しながら、論語を読む。

あっ。解説文の振り仮名は「のたまわく」になっている。

両廡の端に「書写コーナー」が設けられていた。

「御来場記念に孔子の言葉を書写しませんか。孔子の八徳（孝・悌・忠・信・禮・義・廉・恥）や論語の一節など好きなことばを書きましょう！」

と、筆ペンと紙が置いてある。

前にいた中学生ぐらいの女の子は、「恥」と大きく書いている。私は、吉保の勢いのあるあの書（第三章）を思い出し、こう書いた。

「忠　信」

筆など最近握ったこともない私の字は、ひょろひょろで力が無く、吉保と比べるべくもなかった。

ふと、論語を深く読み解くことができれば、吉保の心持ちに、より近付けるのかもしれない、との思いが湧き上がってきた。


本書は、私の前著『名門譜代大名・酒井忠挙の奮闘』（角川学芸出版）を読んだ新潮社の編集者の方より声を掛けていただいて、誕生したものである。私のこれまでの将軍側近研究の中で最も存在感があったといってもいい「柳沢吉保」を取り上げることに迷いはなく、「新書」という私にとって初めての分野に挑戦する機会もうれしく、勇んで取り組んだが、執筆は思った以上に難しいものだった。

酒井忠挙の時は、彼自身の本音も垣間見える、本人の書いた多数の書状があった。しかし、吉保には、彼の政治の場での肉声を知ることができる本人の手による史料は、現在までのところ見当たらない。吉保の家族や家臣、同時代の巷の噂、または後世の人々のものばかりだ。これまでの研究で重々承知していたものの、そのことが、新書という限られた字数の中、吉保の実像をよりわかりやすく描き出すという課題に、否応なく立ち塞がってきた。一次史料が少ないことが、これまでフィクションの世界で悪役の座から降りることができなかった原因の一つだったわけでもあり、その中でどのように吉保の実像に迫るのか。

私は、歴史の中で、吉保がどのように見られてきたか、先人の研究成果や、世間での評判を紹介していく一方、私自身がこれまでの研究の中で見出したより確かな史料を丹念に積み重ねていくことで、吉保の横顔を描き出そうとした。本書は、そんな私の格闘の、現時点での結果である。

今、私の中には、意図せずに持たされてしまった自らの権力に当惑しながらも、控えめに、実直に生きようとしたにもかかわらず、その死後も、悪評を甘んじて受け続けなければならなかった不運な一人の男の姿が浮かび上がっている。

というわけで、本書はこれまでの私の著書や論文、『徳川将軍側近の研究』（校倉書房）、「柳沢騒動―まぼろしの御家騒動」（福田千鶴編『新選　御家騒動　上』新人物往来社）、『名門譜代大名・酒井忠挙の奮闘』などの成果を踏まえ、その後、新たに得られた知見を取り込みながら、より多くの方に読んでいただけるような形にまとめたものである。こちらも合わせてお読みいただければ幸いである。

また、そのような本書の性質から、完成には、多くの方々の御指導・御鞭撻があったが、紙幅の関係もあるため、ここでは本書に直接関係してくださった方々のみ記させていただきたい。

「太刀　銘　真守造」について、詳しく御教示くださった胡光氏。柳沢文庫の平出真宣氏をはじめとする各史料所蔵機関の方々には、閲覧に際し、御配慮を頂いた。

イマドキの女子大生は、吉保を「かっこいい人」とイメージしている場合があることを教えてくれた、東京女子大学の学生の皆さん。「歴史学研究」という講義の中の「悪役のつくられ方」というテーマで吉保の話を聞いてくれた長崎大学の学生の皆さん。そして、一連の吉保についての講演を聞いてくださった、かねさは歴史の会（横浜市金沢区）の皆さま。

また、本書は、文部科学省平成二十一・二十二年度科学研究費補助金　若手研究　スタートアップ（研究活動スタート支援）「近世日本における将軍側近の総合的研究」および、長崎大学の新任教員スタートアップ経費による研究成果の一部でもある。

関係する皆さま、諸機関には、感謝申し上げたい。

そして、エピローグにもご登場いただいた担当編集者である内田浩平氏は、新書デビューの私を、様々にサポートしてくださった。ありがとうございました。

いつの日か、フィクションの世界の中でも「慎み」の吉保が描かれたらいいな、と私は密かに楽しみにしている。

二〇一一年三月吉日

福留　真紀

主要参考文献一覧

※史料

「永慶寺様御意ヶ条之内　書抜」（柳沢文庫所蔵藪田家文書）
「永慶寺殿源公御実録」「永慶寺様御意並覚書次第不同」（大和郡山市教育委員会所蔵豊田家史料）
「甲斐少将吉保朝臣実紀」「楽只堂年録」「三王外記」「諸役人系図」「戸田忠昌日記」「細川家記」「柳沢系譜」（東京大学史料編纂所所蔵）
「牧野備後守様より此方へ御内意次第記録」（東京大学史料編纂所所蔵、宗家史料）
「柳保山行實」「根来家元禄中日帳」「柳営日次記」「柳営日録」「柳営録」（国立公文書館内閣文庫所蔵）
「御日記」（東京国立博物館所蔵）
「徳川幕府日記」（肥前嶋原松平文庫所蔵）
「消暑漫筆」「高松松平氏歴世年譜」（香川県立ミュージアム所蔵）
ケンペル著、斎藤信訳『江戸参府旅行日記』東洋文庫三〇三、平凡社、一九七七年。
『名古屋叢書続編　第十一巻　鸚鵡籠中記（三）』名古屋市教育委員会、一九六八年。

「小神野夜話」（香川県教育委員会編『新編　香川叢書　史料篇（一）』一九七九年）。

『翁草（「元宝荘子」「三王外記補註」「田沼家衰微」）』（『日本随筆大成〈第三期〉21・22』吉川弘文館、一九七八年）。

池田定常「思ひ出草」（『随筆百花苑』第七巻、中央公論社、一九八〇年）。

新井白石著、松村明校注『折たく柴の記』岩波書店、一九九九年。

松浦静山著、中村幸彦・中野三敏校訂『甲子夜話　正篇一』東洋文庫三〇六、平凡社、一九七七年。

「噂音菊柳澤騒動」台本（国立劇場）。

「兼山秘策」（滝本誠一編『日本経済大典』第六巻、一九二八年）。

戸田茂睡著、塚本学校注『御当代記―将軍綱吉の時代』東洋文庫六四三、平凡社、一九九八年。

『新訂　寛政重修諸家譜』続群書類従完成会。

岩崎敏夫・佐藤高俊校訂、岡田清一校注『相馬藩世紀』第一、続群書類従完成会、一九九九年。

赤穂市総務部市史編纂室編『忠臣蔵』第一巻、赤穂市総務部、一九八九年。

「東照宮御実紀」「常憲院殿御実紀」（黒板勝美編『徳川実紀』第一・六篇、吉川弘文館、一九九九年）。

金井圓校注『土芥寇讎記』新人物往来社、一九八五年。

「葉隠」（斎木一馬・岡山泰四・相良亨校注『三河物語、葉隠』日本思想大系26　岩波書店、一九七四年）。

正親町町子著、上野洋三校注『松蔭日記』岩波書店、二〇〇四年。

「明良帯録」（近藤瓶城編『改定史籍集覧』第一一冊、近藤活版所、一九〇一年）。

「柳沢家秘蔵実記」（国書刊行会編『列侯深秘録』国書刊行会、一九一四年）。

「柳沢騒動（『護国女太平記』）」（『近世実録全書　第八巻』早稲田大学出版部、一九二八年）。

※参考文献

胡　光「柳沢吉保と名刀真守」（『日本歴史』七三三号、二〇〇九年）。

同　「『高松城下図屛風』の歴史的前提」（『調査研究報告　第三号』香川県立歴史博物館、二〇〇七年）。

大石学「近世官僚制と高家前田家　高家前田家の成立をめぐって」（大石学編『高家前田家の総合的研究―近世官僚制とアーカイブズ』東京堂出版、二〇〇八年）。

栗田元次「柳沢吉保論」（『中央史壇』第二巻五号「国史上疑問の人物」一九二一年）。

小宮木代良『江戸幕府の日記と儀礼史料』吉川弘文館、二〇〇六年。

今田洋三『江戸の禁書』吉川弘文館、二〇〇七年。

佐藤豊三「将軍家『御成』について（八）」（『金鯱叢書』第十一輯、徳川黎明会、一九八四年）。

田原嗣郎『赤穂四十六士論』吉川弘文館、一九七八年。

辻達也「『源公実録』について」（『江戸幕府政治史研究』続群書類従完成会、一九九六年）。

徳富蘇峰『近世日本国民史　元禄時代政治篇』講談社、一九八二年。

永島今四郎・太田贇雄『千代田城大奥』原書房、一九七一年。

中村幸彦「柳沢騒動実録の転化」（『中村幸彦著述集　第十巻』中央公論社、一九八三年）。

尾藤正英『日本の歴史19　元禄時代』小学館、一九七五年。

深井雅海『徳川将軍政治権力の研究』吉川弘文館、一九九一年。

同『江戸城　本丸御殿と幕府政治』中央公論新社、二〇〇八年。

福田千鶴『徳川綱吉』山川出版社、二〇一〇年。

福留真紀『徳川将軍側近の研究』校倉書房、二〇〇六年。

同「柳沢騒動―まぼろしの御家騒動」（福田千鶴編『新選　御家騒動　上』新人物往来社、二〇〇七年）

同『名門譜代大名・酒井忠挙の奮闘』角川学芸出版、二〇〇九年。

藤田覚『田沼意次』ミネルヴァ書房、二〇〇七年。

三田村鳶魚「正直な柳沢吉保」（三田村鳶魚著、朝倉治彦編『江戸人物談義』鳶魚江戸文庫20、中央公論社、一九九八年）。

山本博文『殉死の構造』弘文堂、一九九四年。

同　「総論　将軍権威の強化と身分制秩序」（同編『新しい近世史』1　国家と秩序、新人物往来社、一九九六年）。

同　「側用人をめぐる言説」（『鳶魚で江戸を読む　江戸学と近世史研究』中央公論新社、二〇〇〇年）。

同　『武士と世間』中央公論新社、二〇〇三年。

同　『忠臣蔵のことが面白いほどわかる本』中経出版、二〇〇三年。

『第二四一回　平成十六年十一月歌舞伎公演国立劇場　噂音菊柳澤騒動』プログラム。

香川県立ミュージアム『徳川四天王　井伊家の至宝展』図録、二〇〇九年。

川越市立博物館『第二十八回企画展　柳沢吉保と風雅の世界』図録、二〇〇六年。

柳沢文庫『柳沢文庫収蔵品図録』二〇一〇年。

年号	西暦	月	日	歳	出来事
明暦3	1657	1	18		明暦の大火
万治元	1658	12	18	1	江戸市ケ谷で生まれる（父は柳沢安忠〈のちの神田館勘定頭〉、生母は佐瀬氏）。
寛文元	1661	閏8	9		幕府は、徳川綱吉の兄綱重を甲府、綱吉を館林にそれぞれ25万石で封じる。
寛文3	1663	5	23		幕府は、武家諸法度を改訂し、殉死を禁止する。
寛文4	1664	9	18		徳川綱吉、鷹司信子と婚儀（19歳）。
延宝3	1675	7	12	18	家督相続（家禄530石）。保明と名乗る。綱吉付の小姓組となる。
延宝4	1676	2	18	19	曾雌定盛の娘定子（16歳）を正室に迎える。
延宝5	1677	4	8		綱吉息女鶴姫が誕生する（生母は於伝の方。宝永元年4月12日に死去）。
延宝7	1679	5	6		綱吉嫡男徳松が誕生する（生母は於伝の方。天和3年閏5月28日に死去）。
		10	19		幕府が、高田藩松平家の御家騒動を裁決する（越後騒動）。
延宝8	1680	5	8		4代将軍徳川家綱が死去（40歳）。
		8	23	23	徳川綱吉、5代将軍に就任する（35歳）。
		11	3		小納戸に就任する。

延宝8	1680	12	9	23	酒井忠清、大老職を解かれる（延宝9年5月19日に死去）。
延宝9	1681	4	25	24	３００石加増。上総国山辺郡のうちにおいて８３０石を知行する。
		6	3		綱吉より、学問の弟子とされる。
			21		越後騒動再審。
天和元		12	11		堀田正俊が大老、牧野成貞が、いわゆる「側用人」となる。
天和4	1684	1	11	27	上総国武射・山辺郡に２００石加増。１０３０石となる。
貞享元		8	28		江戸城内で大老堀田正俊が若年寄稲葉正休に暗殺される。
貞享2	1685	2	22	28	鶴姫、徳川綱教（紀伊家）と婚儀。
		7	14		幕府が、将軍御成先での犬猫の放し飼いを許可する（「生類憐みの令」のはじまり）。
		9	18		幕府が、馬の筋伸ばしの禁令を出す。
		12	10		従五位下出羽守となる。
貞享3	1686	1	11	29	上総国埴生・長柄両郡で１０００石加増。２０３０石となる。
		9	27		幕府が、かぶき者（大小神祇組）２００人余りを捕縛、そのうち幹部の11人を斬罪とする。
貞享4	1687	9	3	30	嫡男安暉（のち安貞、吉里）誕生（生母は、飯塚染子）。
元禄元	1688	11	12	31	南部直政と同時に、いわゆる「側用人」となる。席を若年寄の上座に定められる。和泉国大鳥郡、武蔵国橘樹郡、上総国夷隅・山辺・

元禄元	1688	11	12	31	市原・長柄の６郡のうちにおいて１万石加増、１万２０３０石の大名となる。
元禄2	1689	12	21	32	北村季吟・湖春が幕府歌学方に任命される。
元禄3	1690	3	26	33	和泉国泉・大鳥、上総国山辺・市原・望陀・天羽の６郡のうちに２万石加増され、３万２０３０石となる。
		12	25		従四位下となる。
元禄4	1691	2	30	34	ドイツ人医師エンゲルベルト・ケンペルが、オランダ商館長に随行し、綱吉に拝謁する。
		3	22		綱吉が、保明（吉保）邸に初めての御成。
元禄5	1692	3	6	35	ケンペルが、綱吉に２度目の拝謁をする。
		11	14		摂津国豊嶋・川辺、河内国渋川、和泉国泉・大鳥、武蔵国橘樹・都筑・久良岐の８郡のうちにおいて３万石加増、６万２０３０石となる。
元禄6	1693	12	4	36	幕府が、翌年春の将軍御成のために、老中の大久保忠朝・阿部正武・戸田忠昌・土屋政直に１万両ずつ貸与する。
元禄7	1694	1	7	37	１万石加増。領地をあらためられ、武蔵国入間・新座・比企・高麗・埼玉、和泉国泉・大鳥、河内国渋川、摂津国川辺・豊嶋・住吉の11郡のうちにおいて、７万２０３０石となり、武蔵国川越城を賜る。

元禄7	1694	11	16	37	4男安通（のち経隆）誕生（生母は正親町町子）。
		11	25		はじめて評定所に出座する。
		12	9		侍従となり、老中に准ぜられる。
元禄8	1695	4	21	38	駒込の旧加賀藩下屋敷を拝領する（「六義園」として完成するのは元禄15年10月21日）。
元禄9	1696	6	12	39	5男信豊（のち時睦）誕生（生母は正親町町子）。
		8	22		儒学者荻生徂徠を、15人扶持馬廻で召抱える。
元禄10	1697	7	26	40	武蔵国入間・新座・比企・高麗、和泉国泉・南の6郡のうちにおいて2万石加増、9万2030石となる。
		11	14		綱吉の保明（吉保）邸御成の際、安貞（吉里）と前橋藩主酒井忠挙の娘槌姫（頼姫）との縁組が許可される（婚儀は元禄17年〈宝永元年〉1月28日）。
元禄11	1698	7	21	41	寛永寺根本中堂造営の奉行を務めた功績により、左近衛権少将となる。
元禄13	1700	8	27	43	北村季吟から古今伝授を受ける。
元禄14	1701	3	14	44	赤穂藩主浅野長矩が、江戸城松の大廊下で、高家吉良義央に切り付ける。浅野は即時切腹。
		11	26		綱吉の吉保邸御成の際に、保明と嫡男安貞に、諱の一字「吉」と

元禄14	1701	11	26	44	「松平」の称号を賜る。保明は「美濃守吉保」、安貞は「伊勢守吉里」と改める（吉里は、同月5日に元服）。
元禄15	1702	3	9	45	綱吉の母桂昌院が、従一位となる。吉保は、大和国山辺・葛上・葛下・平群・式下・広瀬・高市・添上の8郡において、2万石加増、11万2030石になる。
		4	6		江戸神田橋の吉保邸が、火災にみまわれる。
		7	21		北村季吟から再び古今伝授を受ける。
		12	14		赤穂浪士の討ち入り。
			18		「楽只堂年録」が完成する。
元禄16	1703	2	4	46	赤穂浪士の切腹。吉良義周は改易となる。
		8	26		前年秋、狩野常信に描かせた肖像画3幅に賛を加える。
宝永元	1704	12	5	47	徳川綱豊（のち家宣）、綱吉の嗣子となる。
			12		狩野常信、法眼の位を与えられる。
			21		甲府に移封。3万9000石余の加増により、15万石余を駿河国、甲斐国に与えられる。
宝永2	1705	3	5	48	綱吉が右大臣、家宣が権大納言に昇進する。
			12		駿河国の領地を甲斐国に移され、山梨・八代・巨摩の3郡を領する。
		5	10		吉里生母飯塚染子、死去。

宝永2	1705	7	13	48	病気のため、三事の停止を求め、認められる。
宝永4	1707	9	4	50	吉保、吉里に長刀の携行が許可される。
宝永6	1709	1	10	52	綱吉死去(64歳)。
		2	9		綱吉御台所鷹司信子死去。
		5	1		徳川家宣(48歳)、6代将軍に就任する。
		6	3		吉保、致仕。この後、保山と称す。
正徳2	1712	10	14	55	家宣死去(51歳)。
正徳3	1713	4	2	56	徳川家継(5歳)、7代将軍に就任する。
		9	5		吉保正室定子、死去。
正徳4	1714	11	2	57	吉保死去。甲斐国山梨郡永慶寺に埋葬される。
享保9	1724	3	11		吉里、甲斐国より、大和国添下・平群・式下・十市・広瀬・葛下、河内国讃良、近江国蒲生・神崎・浅井・高嶋・坂田、伊勢国鈴鹿・三重14郡のうちに移され、大和国郡山城を賜う。
		4	12		吉保、甲斐国山梨郡恵林寺に改葬される。
		10	29		吉里の嫡男、信鴻誕生(生母は森氏)。

福留真紀　1973（昭和48）年東京都生まれ。長崎大学准教授。東京女子大学文理学部卒業。お茶の水女子大学大学院博士後期課程修了。博士（人文科学）。著書に『名門譜代大名・酒井忠挙の奮闘』など。

Ⓢ新潮新書

419

将軍側近《しょうぐんそっきん》　柳沢吉保《やなぎさわよしやす》

いかにして悪名《あくめい》は作《つく》られたか

著　者　**福留真紀《ふくとめまき》**

2011年5月20日　発行

発行者　佐藤隆信

発行所　株式会社新潮社

〒162-8711　東京都新宿区矢来町71番地
編集部(03)3266-5430　読者係(03)3266-5111
http://www.shinchosha.co.jp

印刷所　錦明印刷株式会社

製本所　錦明印刷株式会社

ISBN978-4-10-610419-0　C0221